D1867451

FENSTER ZUR ARCHITEKTUR

FENSTER

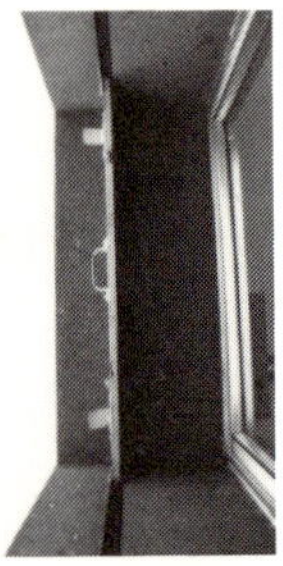

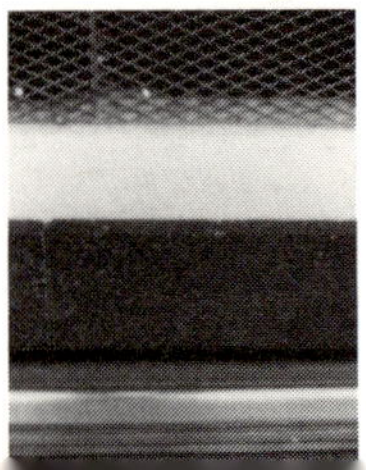

19 APPROACHES ANNÄHERUNGEN

FENSTER ZUR ARCHITEKTUR

PROJEKTE DER ARCHITEKTURGALERIE DER STÄDELSCHULE 1989-1992

PROJECTS ARCHITECTURE GALLERY STÄDELSCHULE 1989-1992

HERAUSGEBER/EDITOR

INDEX

VERLAG JÜRGEN HÄUSSER

Konzeption und Gestaltung / Idea and Layout
Uli Exner
Oren Lieberman

Übersetzungen / Translations
Karin Meißenburg
Käthe H. Fleckenstein
Bernadette Boyle
Ursula Hoyer
K. Sheen

Special Thanks / Besonderen Dank
Jane L'Estrange Foley
Sigrun Musa
Werner Gronwald

Seite/Page 40, Lebbeus Woods
Abbildung/Image No. 42 und 43
Ein Projekt im Auftrag des
Museums für Arts and Crafts, Zagreb
Commisioned by the
Museum of Arts and Crafts, Zagreb

CIP-Einheitsaufnahme

FENSTER ZUR ARCHITEKTUR : 19 Annäherungen / Städelschule.
Hrsg. INDEX [Übers. Karin Meißenburg ...]. -1. Aufl. -
Darmstadt : Häusser, 1992
ISBN 3-927902-52-7
NE: INDEX [Hrsg.&; Städelschule <Frankfurt, Main>

1.Auflage 1992

Printed in the Federal Republic of Germany

ISBN 3-927902-52-7

INHALT / CONTENTS

BILDNACHWEIS/DOCUMENTATION

SEITENZAHL/LINKS-RECHTS • PAGE NUMBER/LEFT-RIGHT
AUSTELLUNG•EXHIBITION
TAG•DAY
MONAT•MONTH
JAHR•YEAR

00-00 00 00 00 00

BILDNUMMER•IMAGE

-1 AUSSTELLER(IN)•EXHIBITOR
-2 MEYER UND KUNZ
-3 TOMIO OHASHI
-4 HELÈNE BINET
-5 SIGRUN MUSA
-6 ULI EXNER
-7 STEFAN SCHILLING

00-0 TITLE

Neil Denari

born Fort Worth, Texas, 1957; B. Arch University of Houston 1980, M. Arch Harvard 1982, established COR TEX 1986,

NATURE
NATUR

1.Infinite nature is the myth of modern science.
2.Nature is electro-magnetic disturbance, and form mechanical energy -"whatever cannot be explained cannot be explained at all".
3.Architecture is capable of describing and possibly reifying a complete culture.
4.The chip is the transcription of ground. As such nature inversely dominates the technological.
5.The landscape of communicative desires resist the formlessness of the electromagnetic. The silence of the infographic machine must end.
6.Why do this?
7.What then is possible?
8.How do the physical laws of the natural world produce a need to respond technically?

1. Unendliche Natur ist der Mythos moderner Wissenschaft.
2. Natur ist elektromagnetische Turbulenz und bildet mechanische Energie - "Was nicht erklärt werden kann, kann überhaupt nicht erklärt werden".
3. Architektur vermag die Gesamtheit der Kultur zu beschreiben und sie vielleicht faßbar zu machen.
4. Der Chip ist die Transkription des Bodens. Somit beherrscht - umgekehrt - die Natur das Technologische.
5. Die Landschaft kommunikativer Wünsche widersetzt sich der Formlosigkeit des Elektromagnetischen. Das Schweigen der infographischen Maschine muß enden.
6. Warum das? Was ist dann möglich? Wie rufen die physischen Gesetze der natürlichen Welt die Notwendigkeit wach, technisch zu reagieren?

DESIRE
WUNSCH

1.The functional pretext is supplanted by the anticipatory pretext. As in any engagement the anticipation of the effect or consummation of exchange is possibly more stimulating than the thing itself.
2.The projection of desire causes the subject to precede the object.
3.The function of a cultural will, otherwise known as progress, resuscitates the stuff of architecture, in order to provide a living answer to the question of our own desires.

1. Das funktionelle Vorhaben wird durch das erwartete Vorhaben ersetzt. Wie bei jeder anderen Angelegenheit ist möglicherweise die Erwartung der Wirkung oder des durchgeführten Austauschs anregender als die Sache selbst.
2. Die Projektion des Wunsches bedingt, daß das Subjekt dem Objekt vorausgeht.
3. Die Funktion des kulturellen Willens, auch als Fortschritt bekannt, bringt immer Leben in die Architektur, um eine lebendige Antwort auf die Frage nach unseren Wünschen zu geben.

ERWEITERUNG
EXTENSION

1.Wings really are Newtonian objects. Forms which express their purpose through visible means.
2.The only difference between a building and an airplane is that one has an engine.
3.The mirror of the human reflects not only the self but also will.
4.To enter willingly and optimistically, but critically, into a new symbiosis between us and the machine is a means of understanding technology as a continuous extension of our physical environment......how are the two presumed to be distinct worlds of the everyday and the scientific collapsed into one reality?

1. Flügel sind in der Tat Newtonsche Objekte Formen, die ihren Sinn durch sichtbare Mittel ausdrücken.
2. Der einzige Unterschied zwischen einem Gebäude und einem Flugzeug ist, daß eines von ihnen eine Maschine hat.
3. Der Spiegel des Menschlichen gibt nicht nur das Selbst, sondern auch den Willen wider.
4. Willig und optimistisch, jedoch kritisch, eine neue Symbiose zwischen uns und der Maschine einzugehen, ist ein Weg, um Technologie als eine ständige Verlängerung unserer physischen Umwelt zu verstehen ...wie werden die zwei Welten, von denen angenommen wird, sie seien zwei eigenständige, das Alltägliche und das Wissenschaftliche, zu einer einzigen Wirklichkeit verschmolzen?

AUTONOMYAUTONOMIE

1.Where is the concept of autonomy within the realm of architecture?
2.The fear of technological autonomy is a socially based rather than an experience based emotion.
3.Engagement as a requisite condition of comprehension overcomes technological autonomy.
4.However, for a thing to attain objecthood it cannot maintain absolute neutrality.
5.Amibivalence is an unproductive emotion. How can the program of intentionality guide architecture toward its presumed certainty if nothing is certain?

1. Wo findet sich im Bereich der Architektur die Vorstellung von Autonomie?
2. Die Furcht vor technologischer Autonomie ist eher ein gesellschaftlich bedingtes Gefühl und beruht weniger auf Erfahrung.
3. Innere Anteilnahme, als eine Vorbedingung zum Verständnis, überwindet technologische Autonomie.
4. Allerdings: damit eine Sache zum Gegenstand werden kann, darf sie nicht länger in der Lage sein, absolute Neutralität zu bewahren.
5. Unentschlossenheit ist ein unproduktives Gefühl. Wie kann ein Absichtsprogramm Architektur zu ihrer vermeintlichen Sicherheit führen, wenn nichts sicher ist?

currently teaching at the Southern California Institute of Architecture (SCIARC)

THE COMPUTER
DER

The alpha numerical formal system of binary codes (0 and 1) which makes up the symbolic language of the computer is the way in which, despite any theory of incompletenss, finite manipulations of artificial thinking are carried out. Since the computer is the everday object which symbolizes the paradigm shift in technology from the mechanical to the electronic, a second order of the symbolic is created: the iconic display screen as new window and its formal / symbolic (but universal ASCII) language of operation.

The computer does not carry efficiency or productivity in the Newtonian sense of work, entropy, or state changes of matter.

So the geometry of electronic space can only be symbolized illusionistically as in a print-out or in the plasma of all currencies which can only be referenced through telematics not by conscious perception. As the computer does not allow us to witness "forces at play" in the architectural, structural, or mechanical sense, we are then asked to imagine how such symbolic forces (geopolitics, money, psychological warfare, etc.) coelesce into something hard enough to see in the form of a building.

A building´s relation to structural forces remains intrinsic to the object, but its abondment as an organizer of logical thinking (as in the origin of the idea of architecture) occurs in the hands of the presence of nothingness. These drawings are symbolic of the dilemma of symbolism itself.

They are formal logic drawings (made by hand) which are graphic **meditations** on the location and consequence of computer systems.

Das alphanumerische, formale System binärer Codes (O und 1), welches die Symbolsprache des Computers bildet, ist die Methode, mit der, allen Unzulänglichkeitstheorien zum Trotz, die endlichen Manipulationen künstlicher Intelligenz durchgeführt werden. Da der Computer Gegenstand des Alltagslebens ist, der den Paradigmenwechsel in der Technologie vom Mechanischen zum Elektronischen symbolisiert, wird eine zweite Ordnung auf der symbolischen Ebene geschaffen: der Zeichensprache-Bildschirm als neues Fenster und seine formale/symbolische (aber universelle ASCII) Arbeitssprache.

Der Computer bringt keine Effizienz oder Produktivität mit sich, nicht im Newtonschen Sinn von Arbeit, Entropie, Veränderung im Aggregatszustand der Materie. Daher kann die Geometrie elektronischen Raums nur illusionistisch symbolisiert werden, wie, zum Beispiel, in einem Ausdruck oder im Plasma aller Währungen, auf das nur emblematisch Bezug genommen werden kann, nicht mit bewußter Wahrnehmung. Da der Computer uns nicht in architektonischer, struktureller oder mechanischer Weise erlaubt, die „Kräfte am Werk" zu verfolgen, sind wir aufgefordert, uns vorzustellen, wie diese symbolischen Kräfte (Weltpolitik, Geld, psychologische Kampfführung, etc.) sich zu etwas so Substanziellem zusammenfinden, daß wir in der Lage sind, es in Form eines Gebäudes wahrzunehmen.

Das Verhältnis eines Gebäudes zu strukturellen Kräften verbleibt in den Objekten selbst, aber seine Zusammenfügung als etwas, was logischem Denken Struktur gibt (wie im Anfang die Idee der Architektur) geschieht angesichts der Gegenwart von Nichts.

Diese Zeichnungen sind ein Symbol für das Dilemma des Symbolismus. Es sind formale, logische Zeichnungen (mit der Hand ausgeführt), die graphische Meditationen über den Ort und die Folgen von Computersystemen darstellen.

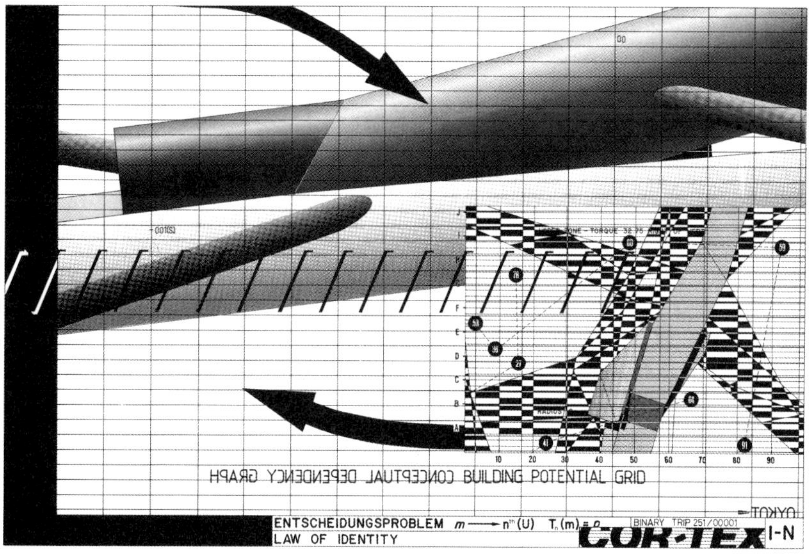

01

01-1 BINARY TRIP 251/00001 91

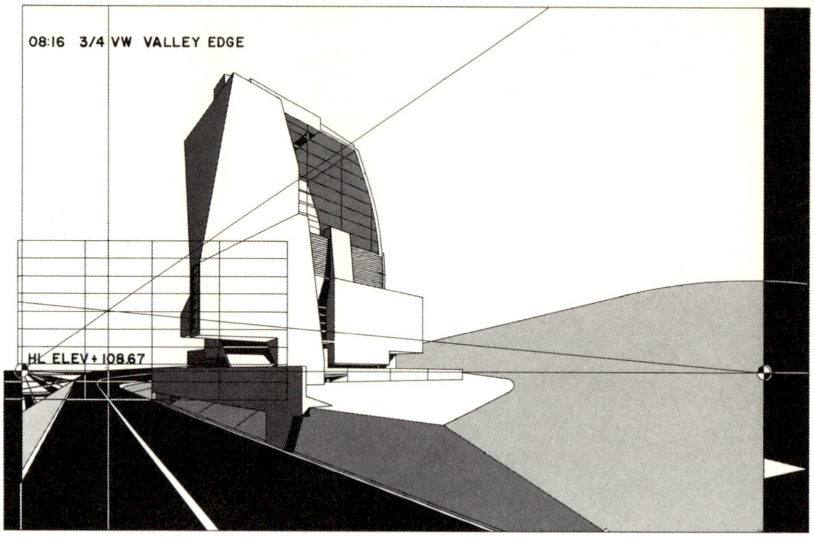

04

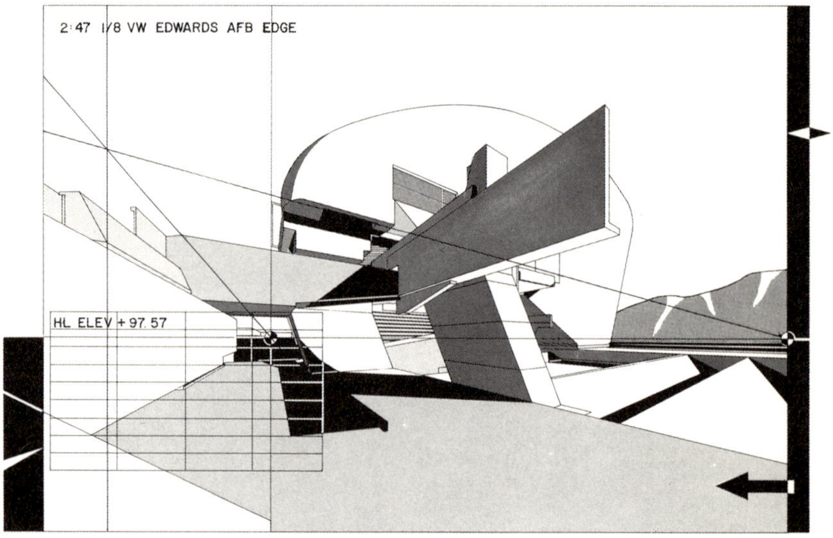

03

02

08-09 01 21 01 89 02-1 BINARY TRIP-252 03-1 EDWARDS AFB 04-1 VALLEY EDGE

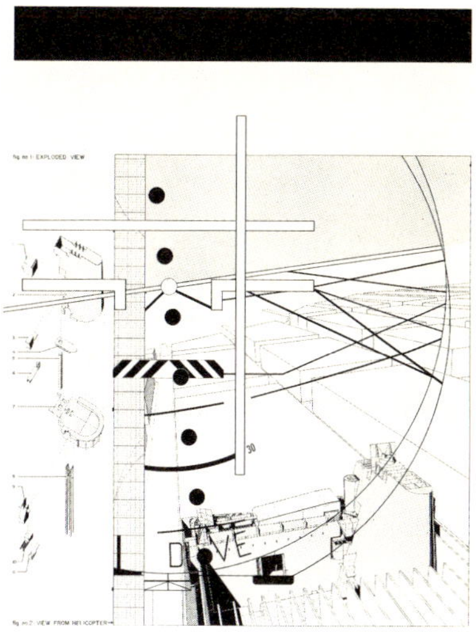

07

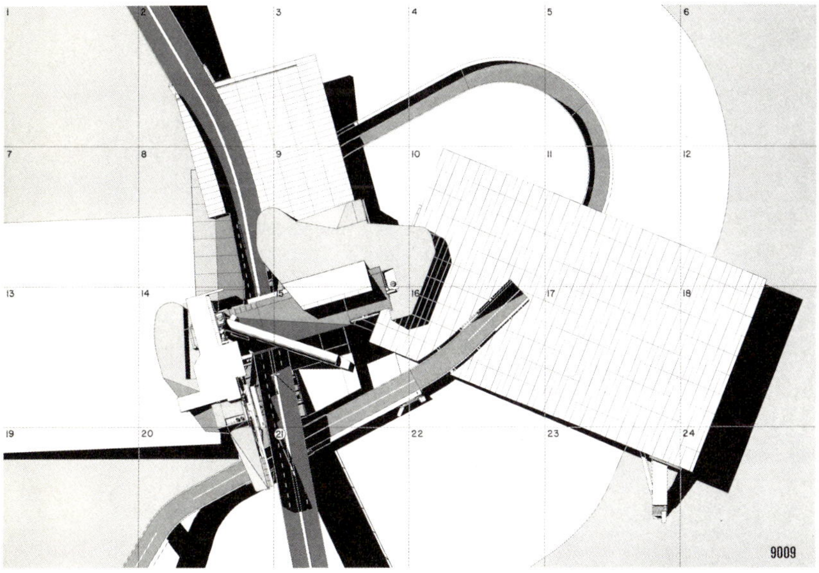

06

THE NOW

1.It is generally believed that the sciences exhaust the totality of what can be known about being, so that at first philosophy seems to be without a subject, but if science knows all that is to be known about being, the sciences themselves may be an object of philosophy.

2.The humanist experience is essentially a physical confrontation between an object and our own perceptions of it. The building which makes a question out of the present condition posits the most visceral condition of that experience.

DAS JETZT

1. Es wird allgemein angenommen, daß die Wissenschaften die Ganzheit dessen, was über das Sein gewußt werden kann, vollständig erfassen. Auf den ersten Blick scheint die Philosophie somit gegenstandslos zu sein; aber wenn die Wissenschaft alles weiß, was es über das Sein zu wissen gibt, könnten die Wissenschaften selbst Gegenstand der Philosophie sein.

2. Die Erfahrung des Humanisten besteht im wesentlichen aus der physischen Konfrontation eines Objekts mit unserer Vorstellung darüber. Das Gebäude, das die gegenwärtige Lage zur Frage formuliert, dokumentiert die Lebensnotwendigkeit dieser Erfahrung.

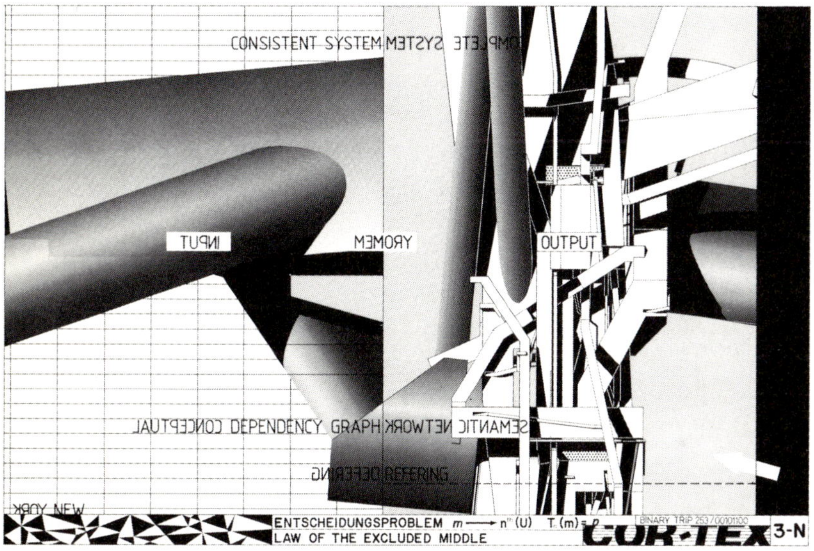

05

05-1 PROTOTYPE LANDSCAPE 9009 06-1 BINARY TRIP-253/00101100 91 07-1 MONASTERY 8305

Margret Hardardottir, born Reykjavik, Iceland 1959; Steve Christer, born Blackfyne United Kingdom, 1960; M.H. studied at

Erster Preis Wettbewerb 1987
Ort:
Nordufer des Sees im Stadtzentrum
von Reykjavik, Island

RATHAUS

Reykjavik, die politische, kulturelle und wirtschaftliche Hauptstadt von Island, liegt auf einer vorgebirgigen Landzunge im Südwesten des Landes. Ein See erstreckt sich vom Flughafen im Süden zum Hafen und dem Stadtzentrum an der Nordküste und trennt die Hauptstadt in zwei Teile. Das neue Rathaus liegt im nordwestlichen Abschnitt des Sees.

Das Projekt entwickelte sich aus dem Gedanken, die dem See eigenen Eigenschaften, Bewegung, Trans parenz und Diffusion in das bestehende Stadtgefüge einzubinden. Das Ergebnis war ein Gebäude mit drei verschiedenartigen Komponenten. Gegen Süden hebt sich das Bürogebäude elegant vom See ab und teilt sich über einer riesigen Ver sammlungshalle in vier Segmente. Im Gegensatz dazu schmiegt sich das kleinere parallele Gebäude, in dem das Stadtparlament untergebracht ist, an die Straßenführung an und das Seeufer setzt sich in den Mauern fort. Eine Tiefgarage bietet 332 Wagen Platz.

Eine Brücke, vom nordöstlichen Uferabschnitt gleichsam über den See dahingleitend, ermöglicht es Besuchern direkt durch die Gebäudeachse in das Bauwerk vorzustoßen, beziehungsweise zum entlegenen Ufer zu gelangen. Dieser mühelose Zugang wird auf der Nordseite abgerundet; hier befindet sich ein eher formales Treppenhaus von der Straße aus abwärts, vorbei an einem neuen Teich unterhalb des Flügels des Stadtparlamentsgebäudes und durch die Mauer der Gebäudeachse, die mit Moos und Flechten bedeckt ist und von den oberhalb gelegenen Teichen feucht gehalten wird.

Durch einen Versorgungstrakt vom Lärm der Stadt geschützt lenkt die von Tageslicht erhellte Gebäudeachse die Aufmerksamkeit auf den vor ihr liegenden See und die Landschaft, die man über den abgesenkten Ausstellungsbereich hinweg sehen kann. Treppen führen hinauf zu dem zweistöckigen Bau (mit Oberlicht) für die städtischen Abteilungen.

Ein privat betriebenes Restaurant mit Blick auf die moosbewachsene Mauer liegt über der Bibliothek und den Medien- und Versammlungsräumen, die dem Stadtparlament und dem doppelgeschossigen Plenar saal dienen. Für die Stadtparlamentsversamm lungen kann das Tageslicht von außen in voller Länge angebrachten Lamellen-Jalousien gedämpft werden und gibt der ruhigen Helligkeit der lichtdurchlässigen Paneele unterhalb der Regenrinne die Möglichkeit, die natürlichen, isländischen Holzbearbeitungen zu beleuchten.

First Prize Competition Entry 1987
Location:
North Bank of City Centre,
Reykjavík, Iceland

CITY HALL

Reykjavik, the political, cultural and economic capital of Iceland, lies on a promentary in the south west of the country. A lake stretching from the airport in the south to the harbour and city centre on the north coast divides the capital in two. It is on the north west corner of the lake that the new City Hall is sited.

The project was developed by grafting the inherent lake qualities of motion, transparency and diffusion into the existing city fabric. This resulted in a building with three distinct components. To the south, the office building rises gracefully from the lake, dividing into four segments over a vast public hall. By contrast, the smaller parallel building housing the city council hugs the street line and extends the lake banks into walls. Subterranean parking is provided for 332 cars.

Skimming over the lake, a bridge from the north eastern corner allows visitors to penetrate the spine of the building directly, and emerge on the far bank. This effortless entry is complemented from the north by a more formal descent from the street past a new pond under the wing of the city council building and through the moss and lichen wall of the spine, dampened from pools above.

Protected from the noise of the city by a service strip, the daylit spine focusses attention on the expanse of lake and landscape one can view over the sunken exhibition area. Stairs fly upwards to the skylit two-storey city departments above.

Overlooking the moss wall is a private restaurant below the library, media and meeting facilites serving the city council, and the double height chamber.

For council meetings daylight can be controlled by full height external fins allowing only the serene light from translucent, under-eaves panels to illuminate the natural Icelandic finishes.

inburgh University, Scotland and at the Architectural Association, UK; S.C. studied at Newcastle University and at the AA, UK

08

S outh Building — Südliches Gebäude

Public Forum, Information Source, Café
Offices of Mayor and City Management

Veranstaltugnsraum, Informationszentrum, Café
Büroräume für Bürgermeister u. Stadtverwaltung

N orth Building — Nördliches Gebäude

City Council Chamber & Back-up Facilities

Magistratssaal, Dienstleistungs-und Versorgungs-Einrichtungen

U nderwater — Unter Wasser

Car Park, 130 Spaces — Tiefgarage, 130 Stellplätze

09

Im Rathaus sind folgende Bereiche untergebracht: Stadtparlament, Magistrat, Bürgermeisteramt und die wichtigsten städtischen Ämter, ferner Räumlichkeiten für Ausstellungen und Veranstaltungen sowie ein topographisches Modell von Island in großem Maßstab.

The City Hall accomodates the City Council, Inner City Council, the office of the Mayor and principal municiple offices together with public halls for exhibitions and events with a large scale topographical model of Iceland.

Gebäude des Stadtparlaments	1737m2	City Council Building
Bürobereich	2352m2	Office areas
Bereich für Publikum	1267m2	Public areas
Stadtparlaments- und Bürogebäude	5356m2	City Council & Office building
Parkgarage	3640m2	Car park
Läden und technischer Bereich	1458m2	Stores and technical areas
Tiefgeschoß insgesamt	5098m2	Basement total
Stadtparlaments- /Bürogebäude	24300m3	City Council & Office buildings
Tiefgeschoß	17300m3	Basement
Grundstück	4333m2	Site

10

11

08-1 DETAIL SOUTH FACADE **09-1 VIEW-SOUTH** **10-1 ROOF DETAIL** **11-1 VIEW-SOUTH EAST**

Competition Entry 1985
Location:
Sacred Hill Adjacent to National Bank, Reykjavik, ICELAND

Program:
Hill Rock Mined for Harbour Building to Create Underground Multi Function Arts Complex Overlooked by High Level Routes & Café.

A response to an ideas competition for the development of the most sacred place in Iceland, locked in the heart of the world's most northerly capital. The site is a low hill commanded by a bronze of the first Icelander. Bounded on three sides by the economic and political foci of the nation, the hill oversees the harbour, it's very existence, on the low fourth side.

We proposed a three layer solution:
1. Axially organising the overland paths about the repositioned statue locks the site into the city grid. A frame on the harbour face offers support for electronic display, banners, catering etc. Flanked by historic heads lurking in the mist of a hot pond, this is a focus for the timeless Arnarhóll mass meetings. Counterplaying the frame, further smoking columns and a parallel frame mark the extent of the new heart.
2. Pathways centred on a square, cut through the hill, linking the surrounding buildings with the new organ and the city. Entrances are referenced directly to their location, cutting, sliding, puncturing and folding under the grass veneer.
3. A major daylit, underground cultural complex. Strong as the people, yet flexible, bending under the weight of time. The central space, serviced by an administration tower beneath the square, is a taroc for the nation's future. A simple variable floor and rolling wall system offer command of the volume. Every event is encouraged, fueled by interaction both within the hall and the city.
Flanking are an extension to the National Library, spiralling upward to a street bookshop; and the 'sculpture workshop' spilling both into the Hall and braving the elements. They are respectively the chest of past events and knowledge; and a living force questioning the entity of life.

We expect this proposal to have the effect of harmonising the presently disparate cultural forces in Iceland into an advancing network for the future prosperity and wisdom of the Nation's soul.

Wettewerb 1985
Ort: Altehrwürdiger Hügel neben der National Bank, Reykjavik, Island
Aufgabenstellung:
Aushöhlung des Hügelgesteins für das Hafengebäude zur Schaffung eines unterirdischen Komplexes für multifunktionelle Kunstbereiche, überblickbar von Hochstaßen und einem Café.

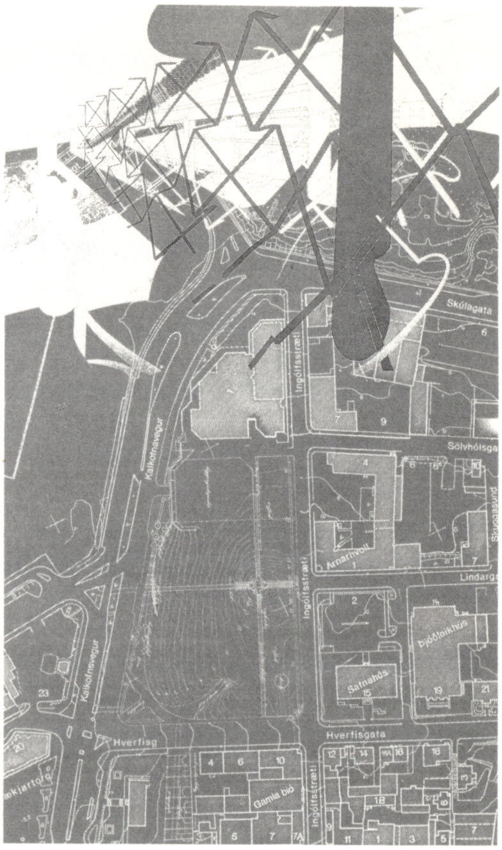

12

12-13 02 11 03 89

12-1 ARNARHÓLL SITE PLAN / INTERIOR PERSPECTIVE

Eine Antwort auf einen Ideenwettbewerb zur Bebauung des altehrwürdigsten Ortes in Island, der im Herzen der nördlichsten Hauptstadt der Welt gelegen ist. Das Baugrundstück ist ein flacher Hügel, der von der Bronzestatue des ersten Isländers beherrscht wird. Auf drei Seiten, von den wirtschaftlichen und politischen Zentren der Nation umgeben blickt der Hügel über den Hafen, der an der tieferen vierten Seite liegt.
Wir schlugen eine Lösung mit drei Ebenen vor:

1. Axial geführte oberirdische Wege um die an anderer Stelle aufgestellte Statue fügen das Grundstück in das Stadtraster ein. Ein Rahmen am vorderen Hafenteil bietet Raum für elektronische Anzeigen, Banner, Bewirtung u.a.m. Flankiert von historischen Köpfen, die sich im Nebel des heißen Teiches versteckt halten, steht dies im Mittelpunkt der seit Urzeiten auf Arnarholl abgehaltenen Zusammenkünfte.
Als Gegengewicht zum Rahmen fungieren zwei „rauchende" Säulen und ein paralleler Rahmen, der die Ausdehnung des „neuen Herzens" markiert.
2. Wege, auf einen freien Platz hin ausgerichtet, durchschneiden den Hügel und verbinden die umliegenden Gebäude mit dem „neuen Organ" und der Stadt. Eingänge haben einen direkten Bezug zu ihrem Ort, schneiden, gleiten, falzen die Grasschicht und durchbohren sie.
3. Ein größerer unterirdischer Kulturbereich mit Tageslicht. Stark wie das Volk, doch anpassungsfähig, sich unter dem Gewicht der Zeit beugend. Der zentrale Raum, durch den Verwaltungsturm unterhalb des freien Platzes versorgt, ist ein Tarot für die Zukunft der Nation. Ein einfaches System variabler Böden und verschiebbarer Wände macht das Raumvolumen verfügbar Jede Veranstaltung ist willkommen und wird genährt durch das Zusammenspiel sowohl innerhalb der Halle als auch innerhalb der Stadt.

Flankiert wird es von einer Erweiterung der Nationalbibliothek, die spiralförmig nach oben zu einem Buchladen an der Straße und einem „Skulptur Studio" führt, das zum einen in die Halle hineinreicht und sich zum anderen den Elementen aussetzt. Sie dienen als Schatztruhe für vergangene Ereignisse und Wissen; fungieren aber auch als lebendige Kraft, welche den sinn des Lebens erforscht.
Wir erwarten, daß dieser Vorschlag dazu führen wird, die gegenwärtig auseinanderstrebenden kulturellen Kräfte Islands zu harmonisieren und damit ein Netzwerk für die zukünftige Prosperität und die Weisheit der Seele der Nation zu schaffen.

Parlimentary Offices, Reykjavik

Competition Entry 1986
Location:
Adjacent to the existing Parliament building (1881)
Main Building
- Party Meeting Rooms
- Members and Management Offices
- Library, Document File, Publication Facilities
- Restaurant, Gymnasium

Subterranean
- Tunnel Link to Existing Building
- Media Studios
- Car Park-58 Spaces

Bürogebäude für Parlament

Wettbewerb 1986
Ort:
Neben dem bestehenden Parlamentsgebäude von 1881
Hauptgebäude
- Parteiversammlungsräume
- Mitglieder - und Verwaltungs-Büroräume
- Bibliothek, Dokumentationsraum, Einrichtungen für Veröffentlichungen
- Restaurant, Turnhalle

Souterrain:
- unterirdische Verbindung zum bestehenden Gebäude,
- Medien Studios
- Tiefgarage, 58 Stellplätze

13-1 N. ELEVATION, ROOF; PLAN - SOUTH EAST CORNER

Christine Hawley

born Shrewsbury, 1949; graduated Architectural Association; Head of the Dept. of Arch., Polytechnic of East London; Since

Peckham, an area which was formerly one of the villages of South London, underwent rapid development in the nineteenth century. Today it is one of London´s least favoured areas and much of the building stock has been allowed to decay. This housing scheme is on a site located just off the high street of Peckham. It is a scene of ill-regarded remnants, of crumbling walls and many fences - bits of wooden fence which peel and chip away, or bits of metal fence which rust and wilt or get kicked about. Some of the remnants are building elements which have gradually eroded: a rectangle indicating a doorway, a piece of framing. Yet the metamorphosis is not entirely negative; there is the visual appeal of the patina as well as many of the deformations, but also a philosophical appeal in the idea of cyclical change and the possiblitiy of reinterpreting these elements.

1978 has had an architecture office with Peter Cook; Guest professor at Oslo School of Architecture and at Curtain University, Perth,

14

The present project not only occupies the same site as these fragments, but borrows from them in both an aesthetic and an inspirational sense - and from time to time in a literal sense, incorporating pieces of fencing, timber, etc. The basic arrangement consists of a stacked series of small spaces, some of them highly serviced or even highly adaptable, while others are made flexible by the simple means of movable elements. A wide variety of levels of technique and technology are therefore used within a single building. The range of screens and the multiplicity of layers creates a sense of space and a responsiveness to weather and sound. The idea of the room as a box is dissolved with the classical rules of hierarchy, in parallel an intentional 'dissolve' between 'legitimate´ íllegitimate' components suggested by the drawings, and hinted at by observation of the existing site.

14-1 PERSPEKTIVE

Australia.

15

Peckham, ehemals eines der Dörfer im Süden Londons, durchlief im neunzehnten Jahrhundert eine rasante Entwicklung. Heute ist es einer der am wenigsten geschätzten Bezirke in London und viel seiner Bausubstanz wurde dem Verfall überlassen. Dieser Plan für ein Wohngebäude bezieht sich auf ein Grundstück unweit der Hauptstraße von Peckham. Man blickt auf vernachlässigte Überbleibsel, brüchige Mauern und viele Zäune - Bruchstücke von absplitternden oder sich schälenden Holzzäunen, Drahtzäune, die rosten, herunterhängen oder umgetreten sind. Einige der Überreste sind allmählich zerfallende Gebäudeteile: ein Rechteck, das auf einen Flur hindeutet, ein Stück von einem Rahmen. Die Verwandlung ist jedoch nicht nur negativ: in ihr liegt der visuelle Reiz der Patina und auch der vielen Verformungen, aber auch der philosophische Reiz, der in der Idee des zyklischen Wan-dels liegt und in der Möglichkeit, diese Elemente neu zu interpretieren.
Das vorliegende Projekt nimmt nicht nur denselben Raum wie diese Fragmente ein, sondern macht bei ihnen ästhetische Anleihen und wird von ihnen inspiriert - manchmal ganz konkret durch das Einbeziehen von Zaunteilen, des Holzes, etc. Die zugrunde liegende Anlage besteht aus einer Aneinanderreihung übereinanderliegender kleiner Räume; einige von ihnen sehr zweckdienlich besonders anpassungsfähig, andere wiederum sind durch ihre beweglichen Elemente einfach formbar. Breit gefächerte Technik- und Technologieebenen werden daher in einem einzelnen Gebäude angewandt. Die Bandbreite der Zwischenwände und die Mannigfaltigkeit der Schichten erzeugen ein Raumgefühl und interagieren mit Wetter und Geräuschen. Die Vorstellung vom 'Raum als Kiste' wird durch die klassischen Regeln der Hierarchie aufgehoben. Parallel dazu wird eine gewollte Aufhebung von 'legitimen' und 'illegitimen' Bestandteilen an Hand der Zeichnungen angedeutet, auf die ebenfalls durch das Betrachten des gegebenen Grundstücks hingewiesen wird.

Ken Kaplan / Ted Krueger

K/K Research und Development wurde 1986 gegründet und ist derzeit über einer Taxi-Station im Herzen Manhattens beheima

Die Werkstatt ist mehr als eine Arbeitsstätte oder ein Studio, nämlich ein Platz, um das zu lernen, was Schulen nicht lehren und um das zu verlernen, was sie lehrten. Die Einrichtung der Werkstatt erwuchs aus unserer Unzufriedenheit mit den uns zur Verfügung stehenden Möglichkeiten in diesem Arbeitsgebiet: entweder eine kommerzielle Tätigkeit oder akademische Lehre.
Einige der Ideen und Methoden unseres LAB haben uns nicht nur von den Gesetzen und Regeln konventioneller Architektur entfernt, sondern auch speziell von den traditionellen Arten des Experimentierens die derzeit von vielen professionellen Designern befürwortet werden.
Im Gegensatz zu unseren vielen, manchmal sich widersprechenden Methoden sind drei das fundamentale Markenzeichen unserer Werkstattarbeit.

1. **Direkte Einflußnahme auf Materialien**
Wir arbeiten direkt mit den Materialien, die in unserem LAB zur Hand sind. Das Sammelsurium von „Zeug" stammt aus unterschiedlichen Quellen;von Fabrikationsmustern bis hin zu gesammeltem Abfall-alles, was billig und verfügbar und in die Ideen, die wir im Moment erforschen, integrierbar ist. Die Produktion von Schrott ist normal. Die verworfene Arbeit wird zur Seite gelegt, um sie auszuschlachten oder späteren Arbeiten einzuverleiben.

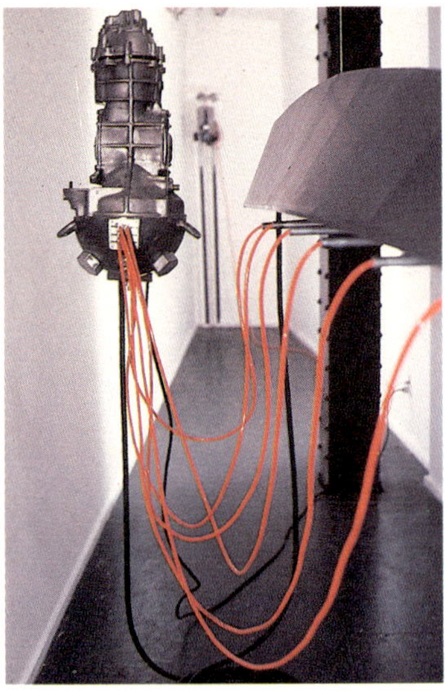

17

2. **Direkte Einflußnahme auf Ideen**
In der gleichen Weise bietet unser LAB Gelegenheit, Worte und Ideen zu erforschen. Für uns sind Theorie, Grundgedanken, Text und Briefe an den Verleger ersetzt durch das PALAVER. Das PALAVER ist ein hochgradig hitziges, mäßig einträgliches verbales Bar-becue, wo Ideen über die Arbeit unmittelbar gegart werden. Nabelschau dient niemandem. Protokoll wird nicht geführt. Dekane und Büroleiter haben weder einen Vertrag mit unserem Geschwätz, noch würden sie die ernsthafte Absicht hinter diesem Mittel wertschätzen, welche die volle Kraft unserer Ideen nutzbar werden läßt.

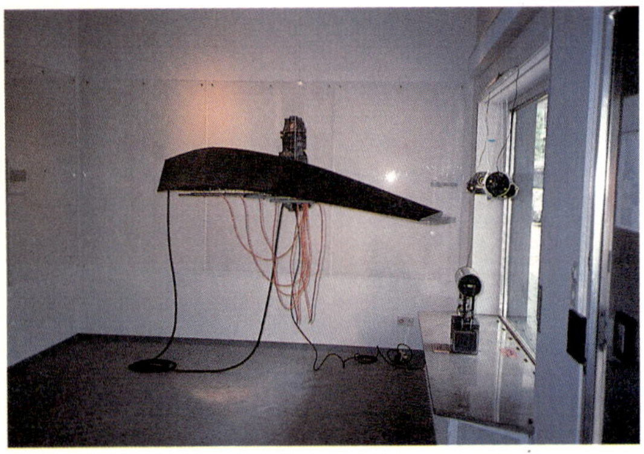

16

3. **Unterlaufung von Technologien**
Wenn wir eine herrenlose Xerox-Maschine oder ähnliches finden, bringen wir sie zur Autopsie ins LAB. Es gibt zwei Gründe für diese Zerlegung; erstens, um ihre Funktion zu verstehen und ihre Fehler zu ermitteln und zweitens, um uns ihre funktionalen Teile anzueignen und in unsere eigenen Züchtungen zu transplantieren. So hat Lithiumschmiere Formaldehyd im LAB verdrängt. Teile werden nach ihrer mechanischen Funktion sortiert (Wellen, Schalter, Motoren, etc.) und zur Wiederverwendung gelagert, nur die Gehäuse werden weggeworfen. Wir brauchen keinen industriellen Formalismus. Was ein Einwegprodukt war, wurde zu einem psychopolitischen Ärgernis.

Für uns ist Aluminium biegen, Computer ausweiden und PALAVERN Hauptmittel für das Ziel: die Produktion von ANALOGEN. ANALOGE sind die architektonische Entsprechung von Instrumentierung - ein Oszilloskop, angelegt an den Puls der Kultur. ANALOGE untergraben Erscheinungsbilder. Sie sind keine Modelle, sie können nicht geschrieben werden, noch beabsichtigen sie, Metaphysisches zu übermitteln. Vielmehr bewirken sie ein Verständnis der Verbindung zwischen Technologie und politischer Lage.
Hinter der Gründung unseres LAB und der Produktion von ANALOGEN steht ein höherer Zweck, der den Kern unserer Forschungsanstrengungen ausmacht. Wir sind an einem politischen Experiment interessiert und zu diesem Zweck haben wir einen Werkkörper geschaffen, der als The Renegade Cities <Die Städte der Abtrünnigen> bekannt ist.

tet. "Diese Organisation, die ausschließlich von unserer Zusammenarbeit bestimmt ist, versteht sich als eine experimentelle Werkstatt (LAB)"

K/K RESEARCH AND DEVELOPMENT was established in 1986 and is currently located above a taxi mechanic in downtown Manhatten. This organization, exclusively our collaboration, exists as a laboratory for our ideas and their immediate application.

More than a shop or studio, the LAB is a place to learn that which the schools would not teach and to unlearn that which they did. The formation of this laboratory grew out of our discontentment with the options available to us within the discipline: either commercial practice or academic instruction.

Some of the ideas and methods of our LAB have divorced us not only from the rules and regulations of conventional architecture, but especially from the traditional modes of experimentation currently promoted by many professional designers.

In contrast to our many and sometimes inconsistent methods, three stand out as fundamental to our brand of laboratory procedures.

1.**Direct Manipulation of Materials**
We work directly with the materials at hand in our LAB. The range of 'stuff' is drawn from diverse sources; from industrial samples to dumpster pickings, whatever is cheap and available and adaptable to the ideas. We are exploring at the moment. Fuck-ups are common. The rejected work is set aside to be scavenged for parts or incorporated into a later work.

2.**Direct Manipulation of Ideas**
Our laboratory offers a similar opportunity for the exploration of words and ideas. For us, theory, principles, text and letters to the editor are replaced by the RAVE. The RAVE is a high-flame, low-fat verbal barbecue where ideas about the work are directly roasted. Internalized self-reflection serves no one. Minutes of the meetings are not taken. Deans and office managers would have no truck with our rantings, nor would they appreciate the serious intent behind these means to harness the full force of our ideas.

3. **Subversion of Technologies**
When we find an abandoned xerox machine or the like, we bring it back to laboratory for an autopsy. The purpose of this dissection is two-fold; first to understand its functions and to ascertain its dysfunctions, and second to appropriate its vital parts for a transplant into our own hybrids. Lithium grease replaces formaldehyde in this laboratory. Parts are sorted by mechanical function (shafting, switches, motors, etc.) and stored for reapplication, only the housings are discarded. We have no use for industrial formalism. What was a one line consumer product becomes a psychopolitical nuisance

For us bending aluminum, dis-embowelling computers and RAVING are the primary means to an end: the production of ANALOGS. ANALOGS are the architectural equivalent of instrumentation - an oscilloscope applied to the pulse of the culture. ANALOGS subvert appearances. They are not models, they can not be written, nor are they Intended to convey metaphysics. Rather they provoke an understanding of the connections between technology and political states.

Behind the establishment of our LAB and the production of ANALOGS, reigns a larger purpose that defines the core of our research efforts. We are interested in a political experimentation and to this end have produced a body of work known as **THE RENEGADE CITIES**

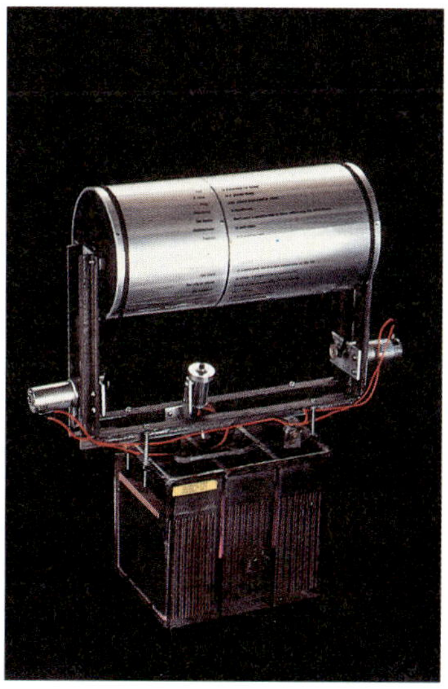

18-1 ROLL - A - TEXT

THE RENEGADE CITIES sind ein Experiment mit innovativen politischen Methoden. Diese Methoden schließen die Entstehung von kleinteiligen, politisch unbeständigen Kulturen ein, außerhalb der Grenzen des nationalen Territoriums, auf See oder im All. Viel von der Bürde ihrer historischen Trägheit wurde durch ihre geopolitische Isolation und ihr mobiles Verhalten beseitigt. Zudem verknüpfen Telekommunikationstechnologien diese Städte mit den alten terrestrischen Gemeinden. Diese Städte regenerieren sich durch Zuwachs, Zellteilung, Selbstzündung und Auswurf. Dies sind nicht zukünftige Städte, vielmehr existieren sie derzeit in den Köpfen derer, welche daran teilhaben wollten.

BUREAU-DICTO (Kurzform für Diktatur der Bürokratie) entstand aus dem sozio-chemischen Gebräu dieser Experimente. Als größte und am besten organisierte von allen RENEGADE Städten liegt sie im Wasser und ist mobil, gespeist vom warmen Wasser der Landzunge Alaskas. Sie ähnelt Hybridkreuzungen zwischen Meeres-Wirbellosen und Handlungsbevollmächtigten von Abfall-Verwertungs-Investmentfirmen und gleitet über die Meeresoberfläche auf der Suche nach der nouvelle cuisine. BUREAU-DICTO hat die Techniken der Konfliktauflösung perfektioniert, um einen idealen Steady-State Zustand zu bewahren. Die Bevölkerung aus Lebensversicherungsverkäufern, Kreditkartenanwendungsuntersuchern, Suchi-Chefs und Gemüserechts-Aktivisten wird sediert durch eine 24 Stunden HDTV-Sendefolge, bestehend aus Morgen-Aerobic, fundamentalistischen Erweckungsfeldzügen und ganzjährigen Info-tainment Telethonen. Der steigende Pegel von Informationsgeräuschen droht der Bevölkerung mit sensorischer Überladung. BUREAU-DICTO hilft bei der Erstellung eines selektiven Filtersystems für die Bevölkerung. Dies bewahrt sie davor, zu viel Zeit damit zu verbringen, aus der Informationsfülle klug zu werden und resultiert in einem bemerkenswerten Anstieg der Produktivität und einer Blutdrucksenkung.

Diese Konstruktion ist im wesentlichen ein Helm für sechs Personen. Der Helm selbst besteht aus einem geschweißten Stahlrahmen, ummantelt mit schwarzem Latex. Es gibt sechs Kopfabteilungen, jedes verkabelt für den hereinkommenden Klang tibetanischer Gesänge (Gedudel). Der DICTO ist zusammengebraut aus Sonar- und VW-Achsgehäusen.

Viele Architekten bekommen ihre Ideen außerhalb ihres Arbeitsgebiets. Bei K/K R&D ist das nicht anders. Die Anregung für dieses Projekt kam nicht von französischen Linguistiktheoretkern, sondern von einem Stand im Red Dog Saloon in Juneau. Wenn man selbst nicht der Leithund ist, ändert sich die Sichtweise nie.

Als Teil unserer Forschung denken wir über eine spezielle Art von Städten nach, die **MOSQUITOS**. Diese Städte spezialisieren sich auf kurzzeitige, kleinteilige, politische Strukturen, die fähig sind, schnell Hypothesen aufzuarbeiten. Insbesondere verwerfen MOSQUITOS Steady-State Politik, stattdessen arbeiten sie mit Ideologien, die in sich unvollständig, flüchtig und instabil sind, aber dennoch kurzfristig von gewissem Nutzen sind. Innerhalb von drei Generationen, passen sich MOSQUITOS jedem Pestizid an.

PRODUKT-WERBUNG FÜR RENEGADE CITIES

Müde des selben alten akademischen Eintopfs. Wir haben gerade für Sie **ROLL-A-TEXT** entwickelt, eine Theorie-Küche, die Dogmen vermischt, hackt, würfelt, verflüssigt und püriert. Wir haben einen speziellen, einmaligen Niedrigpreis für DEUTSCHE Büros. Eilt. Alle AMERIKANISCHEN Büros haben schon ihre Bestellung getätigt, einige haben wegen des schleppenden Fertigungsbeginns eine ganze Kiste bestellt. Zum Einschalten lediglich den Schalter ziehen, welcher in gegenläufig rotierende Trommeln eingreift; die eine enthält die Subjekte, die andere die Prädikate von circa 50 wohlbekannten philosophischen Aussagen. Die Aussagen sind nun vermengt, einmal angehalten, bilden sich neue und dramatisch frische Wahrheiten, einige wenige sind bahnbrechend, die meisten schierer verbaler Unsinn. Hier einige Beispiele: Das Haus ist Opium fürs Volk. Die Revolution ist die Maschine fürs Leben. **Gott ist im Text.**

Für uns sind Architektur und Politik auf Erfahrung basierende Systeme. Sie sind angewandte Wissenschaften. Was Politische Wissenschaften genannt wird, kann bestenfalls nur beschreiben. Politik ist eine Technologie. Wenn eine deterministische politische Theorie, also eigentlich eine Ideologie, entwickelt wird, wird sie sofort durch Anwendung korrumpiert. Architektur, die unter der Tyrannei von Statuten entstanden ist, entweder ihrer eigenen oder der einem anderen Arbeitsgebiet entliehenen, wie es derzeit Mode ist, ist grundlegend eingeschränkt.

Schweine sind domestiziert, wir essen sie. Moskitos essen uns. Es ist nicht eine Frage der Größe, eher geht es um Schnelligkeit und Flexibilitat, mit der Hypothesen getestet werden können. Das heißt für das LAB: Das, was funktioniert, wird beibehalten, was nicht funktioniert, eben nicht. Es ist einfach ein besserer Weg für uns, gleichzeitig zu denken, zu schweißen und dich am Kopf zu kratzen.

RENEGADE CITIES erhielten Material und finanzielle Unterstützung von Art Matters, Inc., Materials for the Arts, National Endowment for the Arts, New York State Council on the Arts. Das Projekt wurde an folgenden Orten ausgestellt: Storefront for Art and Architecture, N.Y.C., FENSTER Galerie, Frankfurt/Main, Deutschland, und Galerie Ulla Klot, Hamburg, Deutschland, The Maryland Institute of Art, Baltimore, Maryland und The Society for Arts in Craft in Pittsburg, Pa.. Geldmittel für die Ausstellung erhielten wir von der Lufthansa, vom Research Institute of Experimental Architecture, N.Y.C., Städelschule (Peter Cook), Frankfurt/Main, Deutschland.

THE RENEGADE CITIES are an experiment in innovative political methods. These methods include the formation of small-scale, politically volatile cultures outside the bounds of national territories on the sea, and in orbit. Much of the burden of their historical inertia has been removed by their geo-political isolation and mobile behavior. As well, tele-communication technologies will link these cities back to the old terrestial communities. These cities regenerate by accretion, cell division, spontaneous combustion and vomiting. These are not future cities, but exist at present in the minds of those who choose to participate.

BUREAU-DICTO (short for dictatorship of the bureaucracy) emerges from the socio-chemical brine of these experiments. The largest and the most organized of the RENEGADES, this city is aquatic and mobile, feeding off the warm waters of the Alaskan panhandle. Resembling the hybrid cross-breeding of marine invertebrae with the executive officers of junk-bond investment firm, it slithers along the surface of the ocean searching for nouvelle cuisine. BUREAU-DICTO has perfected the techniques of conflict resolution in order to maintain an ideal steady-state condition. The population of life insurance salesmen, credit card application examiners, sushi chefs and vegetable rights activists is kept sedated by 24 hour HDTY programming consisting of early morning aerobics, fundamentalist evangelism and year long info-tainment telethons. Increasing levels of information noise threatens the population with sensory overload. BUREAU-DICTO assists by providinq a selective filtering service for the populace. This keeps them from spending too much time sorting things out, resulting in a remarkable increase in productivity and a decrease in blood pressure.

This construction is essentially a helmet for six people. The helmet, itself consists of a welded steel frame skinned in black latex. There are six head compartments, each wired for the incoming, sound of Tibetan chant (elevator music). The DICTO is concocted from sonar and VW transaxle castings.

Many architects get their inspiration from outside the discipline. We are no different at K&K R&D. The inspiration for this project came not from French linguistic theorist but from a stall at the Red Dog Saloon in Juneau. If you are not the lead husky, the view never changes.

As a part of our research, we speculated about a special breed of city, the **MOSQUITOS**. These cities specialize in short-term, small-scale political structures, capable of rapidly acting out hypotheses. Essentially MOSQUITOS reject steady-state politics for ideologies that are inherently incomplete, transient and unstable, but which provide certain benefits over the short haul. Within three generations, MOSQUITOS adapt to any pesticide.

PRODUCT ADVERTISEMENT FOR RENEGADE CITIES

Tired of the same old academic casserole. We have created just for you, **ROLL-A-TEXT**, a theory cuisinart, that blends, chops, dices, liquifies and purees dogma. We have a special one time low price for GERMAN offices. Hurry! All the AMERICAN offices, have already, placed orders some, due to slow constructions starts, have ordered a case. To operate, merely pull switch, which seizes up to counter-rotating drums, one containing the subjects, the other, predicates of 50 or so well-known philisophical statements. Once stopped, the statements are now scrambled, creating new and dramatically fresh truisms, few of which are path breaking, most of which are sheer verbal pablum. A few examples include: The house is the opiate of the people. The revolution is the machine for living. **God is in the text.**

For us, Architecture and Politics are both experience based systems. They are applied disciplines. What is called Political Science can only be descriptive at best. Politics is a technology. When a prescriptive theory of politics is developed, in essence, an ideology, it is immediately corrupted in application. Architecture produced under the tyranny of the rule book, whether one of its own, or one borrowed from another discipline, as is currently the fashion, is fundamentally limited.

Pigs are domesticated, we eat them. Mosquitos eat us. This is not an argument about size, rather it is about the speed and flexibility at which tentative hypotheses can be tested. In the LAB, that which works is kept, that which doesn't isn't. It's simply a better way, for us, to think, weld and scratch your forehead at the same time.

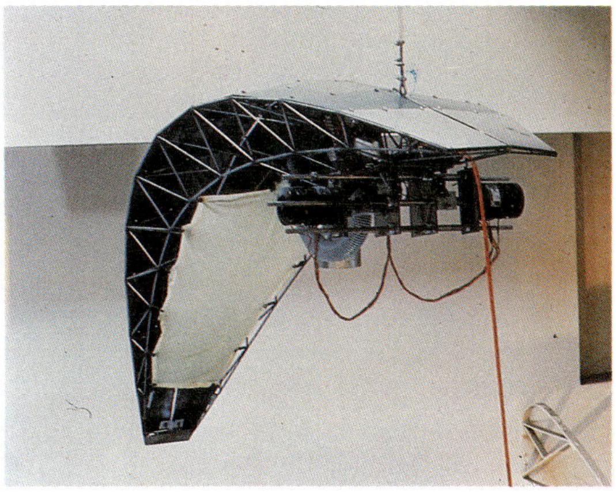

1987 - Gründung der Zeitschrift INDEX mit Uli Exner, Werner Gronwald, Oren Lieberman, Nikolaus Parmasche; 1988 - Projekt

20

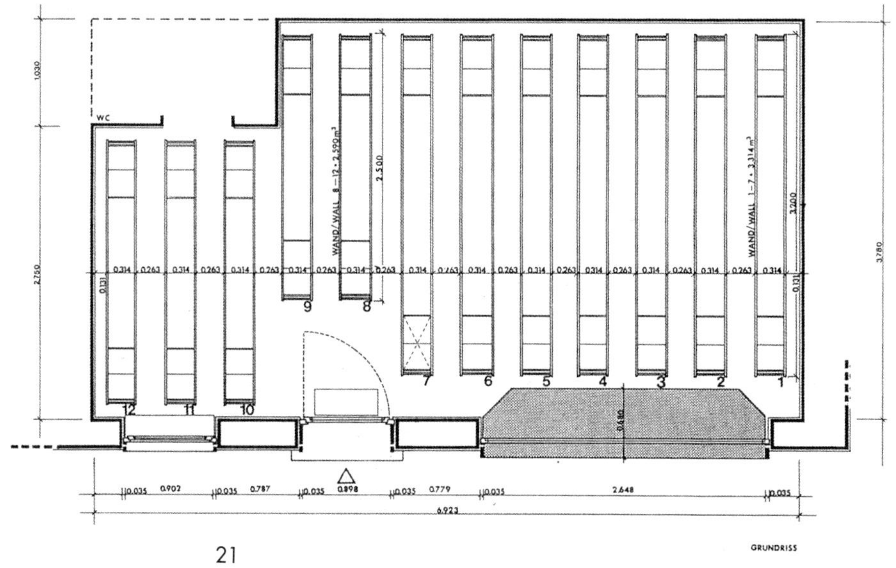

21

Ein Projekt, das sich mit der institutionellen und räumlichen Situation der Galerie auseinandersetzt, schien uns als Gruppe eher zu repräsentieren, als eine Ansammlung einzelner persönlicher Arbeiten.

Wir konzentrieren uns auf zwei Qualitäten der Galerie:

- Das pure VOLUMEN des Raumes: mathematisch ermittelt, und in KUBEN reflektiert, eine Hälfte des Volumens frei, die zweite Hälfte umschlossen.

- Der Gegenstand FENSTER:
Der INHALT der Galerie (hier der RAUM), wird ausschließlich durch das FENSTER vermittelt.

A project which examines the institutional and spatial parameters of the gallery .

We concentrated on two aspects of the gallery:
- The pure VOLUME of the space: calculated mathematically and reflected in cubic meters - half of the volume free, the other half enclosed.
- The object WINDOW (»Fenster«):

The volume of the gallery (in this case the SPACE) is conveyed exclusively by the WINDOW.

PROJEKT GALERIE FENSTER

Berechnung Raumvolumen / Calculation of volume:

Grundfläche/Area 6.93 m x 3.78 m =26.190 qm
- Fläche WC, Türschlag, Fenster/Toilette, Door, Window =04.220 qm
Fläche Ausstellungsraum/Exhibition Space =21.970 qm

21,97 qm x h 3.50 =76.895 cbm

76.895 cbm: 2 (zugänglicher und eingeschlossener Raum/ Accessible Enclosed Space) =38.448 cbm

Berechnung eingestellte Kubatur / Calculation Standardized Units:

38.448 cbm: h3.368(3.50-0.132) =11.416 qm
11.416 qm: 34.70 (LFDM eingestellte Kuben / GLINM Standardized Units) =00.329 m

0.329 m = D einzelner Kubus/Single Unit

Berechnung Abstand zwischen Kuben / Calculation Spacing Between Units:

0.329 m x 12 =03.946 m
6.93 m - 0.3948 =02.962 m
2.982 m: 12 (11 + 2 x 1/2 an den Stirnwänden/On The Endwalls) =00.246 m

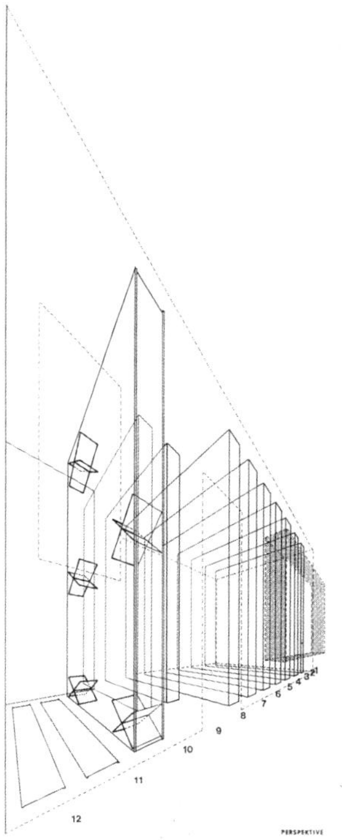

22

21-1 GRUNDRISS

22-1 PERSPEKTIVE

INDEX Planungsgruppe - Architekturbüro (mit S. Musa), 1990 - Projekt Kunstverein Frankfurt; seit 1990 - verantwortlich für die Architekturgalerie

Projekt Kunstverein Frankfurt

The space is <known> through light, sound, and heat.
The room's light is seen, collected, compressed, focussed. The spaces of shadow fill openings left by the light's contraction.
The room's sound is heard along the plane of a section's surface through possible frequencies. Silence and absent/excluded resonances touch this surface's boundary.
The room's heat is felt through air and skin. Subtle changes in temperature, unnoted in the cognitive apparatus, are reflected by dryness and moisture in the body.

23

24

Der Raum wird <erkannt> durch Licht, Klang, und Wärme.
Das Licht des Raumes wird gesehen, gesammelt, verdichtet und focussiert. Schatten füllt die Freiräume, die das zusammengezogene Licht offenläßt.
Der Klang des Raumes wird entlang der Fläche eines Schnittes möglicher Frequenzen gehört. Stille und abwesend/ausgeschlossene Resonanzen berühren die Grenzen dieser Fläche.
Die Wärme des Raumes wird in Luft und über die Haut gefühlt. Geringste Temperaturwechsel, vom kognitiven Apparat unbemerkt, werden von Trockenheit und Feuchtigkeit im Körper beantwortet.

25

FENSTER; seit 1991 - kooperative Zusammenarbeit mit W. Bader

OPTI-TABLE--HANNOVER MESSE

27

26

4-FAMILIENHAUS OBERTSHAUSEN

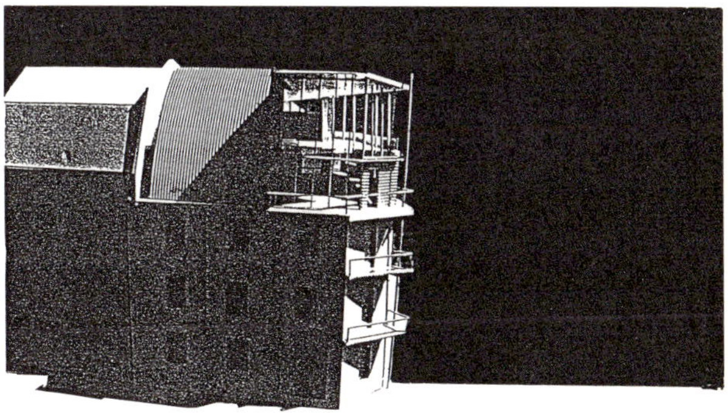

NEERMANN/KLINKERT RESIDENZ, FRANKFURT (PLANUNG)

28

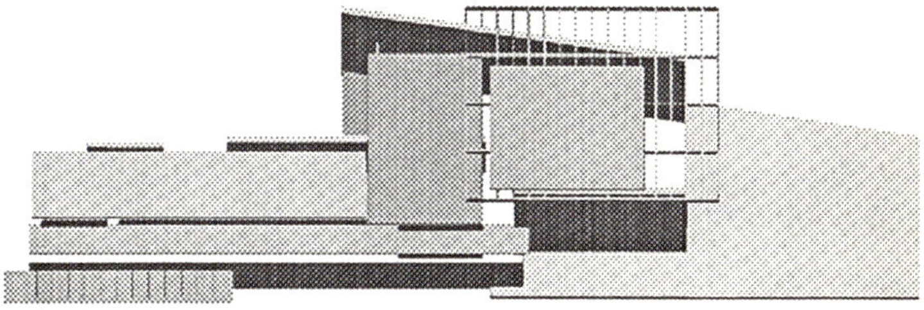

FRIEDHOF FFM-HARHEIM (PLANUNG)

29

26-1 **27-7** **28-1** **29-1**

Oren Lieberman

"The fact is that the total form of the body by which the subject anticipates in a mirage the maturation of his power is given to him only as Gestalt, that is to say, in an exteriority in which this form is certainly more constituent than constituted, but in which it appears to him above all in a contrasting size (un relief de stature) that fixes it and in a symmetry that inverts it, in contrast with the turbulent movements that the subject feels are animating him. Thus, this Gestalt - [which] should be regarded as bound up with the species,...– by these two aspects of its appearence, symbolizes the mental permanence of the I, at the same time as it prefigures its alienating destination;..."

Jacques Lacan

The parameter, the possible reception (i.e., reference/creation) of indicating
Der Parameter, die Möglichkeit die kennzeichnenden Eigenschaften aufzunehmen (i.e. Beziehung/
properties, delineates a space of action: the shifting space of the field. Though
Schöpfung), umreißt einen Handlungsspielraum: der Raum des Feldes, der in einer ständigen, von ei-
understood to be a constant, the parameter varies with the circumstances in
nem ins andere übergehenden Bewegung ist. Der Parameter variiert mit seinen Begleitumständen, wenn-
which it finds itself.
gleich er als Konstante verstanden wird.

Through its transparence, reflection, and refraction, the window establishes itself
Mit seiner Transparenz, Spiegelung und Brechung stellt sich das Fenster als ein eher komplexes Parameter
as a rather complex parameter. Not only does it measure itself ' beside itself '
dar. Nicht nur mißt es sich selbst 'neben sich selbst' (aus dem Griechischen *para*, neben, und *metron*,
(from the Greek *para*, beside, and *metron*, to measure), its very substance
messen), von seiner Natur her verneint es sich selbst - klarer Hinweis, es befindet sich in einer von einem
negating itself --- pure indication, shifting away from itself towards that which
ins andere übergehenden Bewegung, von sich selbst weg, hin zu dem, was gespiegelt wird / durch
is reflected/seen through--- but it compels the subject to become a parameter
das gesehen wird - , sondern es veranlaßt auch das Subjekt, zu einem Parameter für / gegen sich zu
for/against him/herself.
werden. Der kontinuierlich sich bewegende, von einem ins andere übergehende Selbst-Bezug des Subjekts,
The subject's continual shifting of self-reference, its ontogenic/phylogenic self-
seine ontogenetische / phylogenetische Selbstteilung situiert das Selbst neben sich selbst und bringt da-
division, situates the self beside itself, thereby engendering the 'object'. This
durch das 'Objekt' hervor. Dieses Messen des Subjekts gegen das Objekt wird paradoxerweise durch
measuring of subject against object is, paradoxically, reinforced by the window,
das Fenster verstärkt und gleichzeitig von seiner einengenden Selbst-Versunkenheit durch seine eigent-
and, at the same time, released from its confining self-absorbtion by a virtually
lich unendliche Ausdehnung befreit.
infinite extension.

26-27 00 20 08 91

"Tatsache ist, daß die ganze Form des Körpers, durch die das Subjekt in einer Luftspiegelung das Heranreifen seiner Kraft vorausahnt, ihm nur als Gestalt gegeben ist, das heißt, in einer außeren Form, in der diese gewiß eher konstituierend als konstituiert ist, aber in der sie ihm darüberhinaus in einer kontrastierenden Größe erscheint (un relief de stature), die sie verfestigt, und in einer Symmetrie, die sie umkehrt, im Gegensatz zu den unruhigen Bewegungen, von denen das Subjekt das Gefühl hat, daß sie ihn beleben. Diese Gestalt - <welche> als untrennbar verknüpft mit ihrer Art zu sehen ist - symbolisiert daher aufgrund dieser beiden Aspekte ihrer Erscheinung die mentale Beständigkeit des Ich - und das, während sie zur gleichen Zeit seine verfremdende Bestimmung vorwegnimmt ..."

Jacques Lacan

When the reference shifts to the Latin verb parare--to prepare--, the parameter

Verlagert sich der Bezug zu dem lateinischen Verb parare vorbereiten -, bewegt sich der Parameter in

moves in time. While para (Greek) delineates the space of the continuously

der Zeit. Während para (griechisch) den Raum der sich ständig verändernden parallaktischen Bewegung

changing parallaxical movement of the 'beside oneself', para (Latin) describes

des „neben sich selbst" umgrenzt, beschreibt para (lateinisch) die Zeit des vorausgehenden Augenblicks.

the time of the preceding moment. Here, then: The subject's continual shifting

Also: Der kontinuierlich sich bewegende, von einem ins andere Übergehende Selbst-Bezug des Subjekts,

of self-reference, its ontogenic /phylogenic self-division, situates the self before

seine/ihre ontogenetische/phylogenetische Selbstteilung situiert das Selbst zeitlich gesehen vor sich selbst

itself, thereby engendering the 'object'. The window maintains its paradoxical

und bringt dadurch das „Objekt" hervor. Das Fenster behält seine paradoxe Position als Parameter bei:

position as parameter, reinforcing the experiencing of events through a set of

es verstärkt das Erfahren der Ereignisse durch eine Verkettung vorangegangener Augenblicke und weist

preceding moments, while at the same time indicating an ongoing process of

gleichzeitig auf den laufenden Prozeß einer Anamorphose hin - eigentlich eine Neuformung.

anamorphosis --- literally, a forming anew.

Der verdoppelte Parameter kann nur so bestehen: gespiegelt, von einem ins andere übergehende

The doubled parameter can only exist as such: reflected, shifted beside/before

Bewegung neben/vor sich selbst; von innen nach außen verkehrt - durch Raum und Zeit. Das Feld, das

itself; drawn, through space and time, inside-out. The field which it describes

er beschreibt existiert nur aufgrund der Bewegung der Beziehung, der Kennzeichnung. Das Fenster ist

exists only in terms of the movement of reference, indication. The window is an

eine anamorphische Topologie.

anamorphic topology.

Lebbeus Woods

The gallery, the exhibition hall, the book....these are the last and best hopes for architecture now.

Not that this time is an impossible one for building - rather, it is altogether too possible to build, and this seduces even some of the best solo-dancers into a kind of parody of themselves. Building is the essence of the architecture dance, yet a deeper ground must first be found and made resonant, something ineffable in the architect's own existence that is always lost in mere competitiveness and showmanship. The gallery, the exhibition hall, the book are the only places where fatal compromises of the self are not inveitable.

The crucial issue in architecture now has to do with building "types".

Types tie directly into the depths of the self and are the reference points on any map of an ever-widening social domain. 'House,' 'office building", "museum", "church", "shopping center" are ideas controlling present and future behavior in a culturally deterministic way. They are inherited from former epochs, when the fate of society and individuals depended on the cohesiveness of the whole system, including its physical fabric, it's architecture and cities. But today, and even more so in the future, the fate of society and individuals depends on the internal coherence of self-determining individuals, a pre-requisite necessary for the dialogue necessary to make the emptiness of freedom a basis for communal life. Building types have only a negative effect on this dialogue, because relevance to the actual conditions of life today. In an age of the computer and fax, are "office buildings" any longer necessary? Building types have a destructive effect on the self-referential invention on personal realities because they seduce solo-dancers with the illusory comforts of a social contract that no longer can, or should, exist. Is a "bedroom" really only the place for a bed? What does "room" mean under conditions of psycho-kinetic uncertainty?

Building types as programmatic bases are anathema to the making of a modern architecture.

New programs for architecture are therefore being written.

The Gallery, the exhibition hall, the book are the tabulae rasa on which, today, this writing appears.
The building competition and commission are too burdened with outmoded types, the mechanisms of distraction, the seductions of metaphysical comforts to serve in the same way. In time this will change, but for now - with rare exception - the clients and sponsoring institutions are too bound-up with anachronisms and pre-conceptions, not to mention the protection of wealth and authority, to see the wisdom and necessity of change. The architect who builds "types" can a best hope to demonstrate virtuosity of design. But what does "design" mean anymore, if it is achieved at the sacrifice of the architect's own vividness and reality?
Only architects can write the programs for architectures vividly of the present, and only from the complexities of their highly particular conditions, unbound by types and other preconceptions - and only if they claim the gallery, the exhibition hall, and the book as their own.

Aleksandra Wagner

FENSTER — What is it?

Attempt to write an introduction to something that will embrace the paradoxical situation that consists of the following:
- a small, always too small entrance to the world, a space where bricks were forgotten, something that too often does not resemble or represent any aware purpose, as is some architect, ready to steal from his own self, did not have enough radical power to deal with real horror: no entrance whatsoever.....
.....and yet, this entrance is desperately needed, not in order to resolve our basic emotion of fear, but in order to connect what can hardly be connected: sides of inner and outer reality....
Where the "through" paradox starts, is the gallery with the name of window able to show architectural constructs (some of which will deal with windows)? How does one deal with that? What is to show, and what is it to be shown? What is the position of the viewer, and on what side of the window does he stand? And, is this to be the Great Conceptor's concern?

Die Galerie, der Ausstellungsraum, das Buch . . . sie sind die letzte und größte Hoffnung für heutige Architektur.

FENSTER — Was ist das?

Versuch, eine Einführung zu schreiben für Etwas, das eine paradoxe Situation umreißt, die sich aus folgendem zusammengesetzt:
- ein kleiner, immer zu kleiner Eingang in die Welt, ein Raum, in dem Backsteine vergessen wurden, etwas, das allzuoft weder einem bewußten Zweck entspricht noch ihn repräsentiert, als ob ein Architekt, bereit sein eigenes Selbst zu bestehlen, nicht genügend radikale Kraft aufbrächte, um sich mit wirklichem Grauen auseinanderzusetzen: überhaupt kein Eingang ...

... und doch ist dieser Eingang bitter nötig, nicht um unsere grundlegende Emotion, nämlich Furcht, aufzulösen, sondern um das miteinander zu verbinden, was kaum miteinander verbunden werden kann: die Seiten innerer und äußerer Wirklichkeit.

Wo das Paradoxon „durch" beginnt, wird da die Galerie mit dem Namen Fenster in der Lage sein, architektonische Konstruktionen vorzulegen (von denen einige sich mit dem Fenster beschäftigen)? Wie beschäftigt man sich damity? Was heißt es, auszustellen und was heißt es, ausgestellt zu werden? Welche Position nimmt der Betrachter ein, und auf welcher Seite des Fensters steht er? Und sollte der „Große Konstrukteur" dies erwägen?

Nicht, daß es in der jetzigen Zeit unmöglich wäre zu bauen - es ist vielmehr so, daß dieses viel zu leicht möglich ist . Das verleitet selbst einige der besten Solotänzer dazu, sich selbst zu parodieren. Bauen ist das ureigentliche Wesen des Architektur-Tanzes, doch im eigenen Leben des Architekten muß ein tieferer Grund aufgespürt und zum Klingen gebracht werden, etwas Unnennbares, das im bloßen Wettbewerb und im Zurschaustellen immer verlorengeht. Die Galerie, der Ausstellungsraum, das Buch sind die einzigen Orte, wo diese tödlichen Kompromisse für das Selbst nicht unausweichlich sind.

Der heutigen Architektur geht es als ihrem Hauptanliegen um das Bauen von „Typen".

Typen sind unmittelbar mit den Tiefen des Selbst verknüpft und bilden die Anhaltspunkte auf jeder Karte, die das sich ständig ausweitende soziale Territorium wiedergibt. „Haus", „Bürogebäude", „Museum", „Kirche", „Einkaufszentrum" sind Ideen, die gegenwärtiges und zukünftiges Verhalten kulturelldeterministisch bestimmen. Sie wurden aus früheren Epochen übernommen, als das Schicksal der Gesellschaft und der Einzelpersonen noch auf dem Zusammenhalt und der Stimmigkeit des ganzen Systems beruhte, einschließlich seiner physischen Struktur, seiner Architektur und seinen Städten. Aber heutzutage - und mehr noch zukünftig - hängt das Schicksal der Gesellschaft und der Einzelpersonen von der inneren Zusammengehörigkeit selbstbestimmter Individuen ab, eine Vorbedingung für jeden Dialog, der wiederum notwendig ist, um aus der Leere der Freiheit eine Basis kommunalen Lebens zu bilden. Bautypen haben nur eine negative Wirkung auf diesen Dialog, denn ihnen fehlt der Bezug zu den heute wirkenden Lebensbedingungen. Sind „Bürogebaude" im Zeitalter von Computer und Fax-Gerät noch notwendig? Bautypen haben eine zerstörerische Wirkung auf das selbstbezogene Herausbilden persönlicher Realitäten, weil sie Solotänzer mit der illusionistischen Bequemlichkeit eines Sozialvertrages verführen, der so nicht länger bestehen kann oder sollte. Ist ein „Schlafzimmer" wirklich nur ein Platz zum Schlafen? Was bedeutet „Raum" unter den Bedingungen psychokinetischer Ungewißheit?

Bautypen, die Grundlage für eine Aufgabenstellung, sind der Fluch, der auf dem Entstehen einer modernen Architektur lastet.

Es werden deshalb neue Aufgabenstellungen für die Architektur formuliert.

Die Galerie, der Ausstellungsraum, das Buch sind die tabulae rasa, auf denen dieses Schreiben heute in Erscheinung tritt.

Um eben diese Wirkung ausüben zu können, sind der Architekturwettbewerb und der Bauauftrag nicht die geeigneten Mittel, da sie zu sehr mit veralteten Typen, mit Mechanismen der Ablenkung, mit den Verführungen metaphysischer Annehmlichkeiten belastet sind. Mit der Zeit wird sich das wandeln, doch bis jetzt sind - bis auf wenige Ausnahmen Klienten und beauftragende Institutionen so eingebunden in die Anachronismen und festgefahrenen Auffassungen, ganz zu schweigen von der Protektion durch Reichtum und Autoritäten, als daß sie die Weisheit und die Notwendigkeit eines Wandels einsehen könnten. Der Architekt, der „Typen" baut, kann höchstens hoffen, die Virtuosität des Entwurfs unter Beweis zu stellen. Aber was kann ein „Entwurf" überhaupt noch bedeuten, wenn er auf Kosten der Lebendigkeit und Wirklichkeit des Architekten ausgeführt wird?

Nur wenn sie ungebunden von Typen und anderen festgefahrenen Auffassungen sind, können Architekten die Aufgabenstellungen für eine Architektur formulieren, die der pulsierenden Gegenwart angehört und die nur aus der Komplexität ihrer eigenen, ganz besonderen Bedingungen entstehen wird - und auch nur wenn die Architekten die Galerie, den Ausstellungsraum und das Buch für sich in Anspruch nehmen werden.

The mediation of space by the surveyor states how often a defined quantum is contained in a piece of land. Thus he creates a survey which we acknowledge as „true limits" (cartography).

With the help of reason we employ a means to correct the imperfection of (our) mechanical organs and make them more precise;

thus it is possible to define one's position on the unchanged surface of the sea,

thus it is possible to calculate time according to the position of the sun.

THE MEASURING INSTRUMENT devises any point to be the centre of coordinates and by simple rotation in any direction in space to be a co-ordinate axis. X,Y,Z.

Space is thereby comprehended in its expanse and is a physical geometric product. The mediation of these products is effected by way of illustration.

With the advent of the orthogonal projection, ground-plan, section, and elevation became the primary means of notation in architecture and accordingly set the guidelines for the definition of architecture.

The room of the gallery / FENSTER (WINDOW) is a point to be defined which comes into existence through the location of the man experiencing it / the exhibitor in the room, distancing itself from (though not refuting) the guidelines defining architecture, and uncovering aspects which transcend the experience of orthogonal projections.

Thus, optical and accoustic signals influence the way our experiencing of space is constituted. Sound and light as qualities of space.

At issue are forms of representation adequate to reveal complex configurations of spatial relations and to establish/to install a reference to the space. Differentiated contextual experiences are able to make events visible which have no correspondences in mathematical space (the decisive quality is its homogeneity) .

As always in fact, to inquire into architecture is to inquire into the location, its manifestation in space, the architectural event.

Die Vermittlung von Raum durch den Geometer legt dar, wie vielmal ein fixiertes Maß in einem Stück Land enthalten ist. Er schafft hieraus eine Übersicht, die wir als "wahre Grenzen" anerkennen (Kartographie).

Unter der Beihilfe der Vernunft wird ein Mittel eingesetzt, das die Unvollkommenheit unserer mechanischen Organe korrigiert/präzisiert;

- so ist es möglich, auf der unveränderten Oberfläche des Meeres die Position zu bestimmen,
- so ist es möglich, nach dem Stand der Sonne die Zeit zu berechnen

DAS MESSINSTRUMENT

macht jeden Punkt zum Koordinaten-Mittelpunkt und durch einfache Drehung in jede beliebige Richtung im Raum zur Koordinaten-Achse. X,Y,Z.

Raum wird dabei in seiner Ausdehnung erfaßt und ist physikalisch geometrisches Produkt.

Die Vermittlung dieser Produkte erfolgt über Anschauungsbilder.

Grundriss, Schnitt und Ansicht als orthogonale Projektion, sind primäre Notationsmittel in der Architektur geworden und geben somit auch die Prinzipien nach denen Architektur definiert wird. Sie stellen eine technisch/zeichnerische Aneignung von Raum dar.

Der Galerie-Raum/**FENSTER** ist ein zu bezeichnender Punkt, der durch den Ort des erlebenden Menschen/Ausstellers im Raum gegeben ist, sich von den bestimmenden architekturdefinierenden Prinzipien distanziert (aber nicht abwendet) und Aspekte aufdeckt, die über die Erfahrung orthogonaler Projektionen hinausgehen.

So haben optische, akustische und habtische Signale Einfluss auf die Konstituierung unserer Raumerfahrung. (Klang, Licht, Textur als Qualitäten im Raum)

Es geht um Darstellungsformen, die geeignet sind komplexe Konfigurationen räumlicher Beziehungen offenzulegen und eine Referenz zum Raum aufzubauen/zu installieren. Durch differenzierte kontextuelle Erfahrungen können Ereignisse sichtbar gemacht werden, für die es im mathematischen Raum (die entscheidende Qualität besteht in seiner Gleichförmigkeit) keine Entsprechung gibt.

Architektur ist in der Tat immer noch das Erkunden nach dem Ort, nach dem Stattfinden im Raum, nach dem architektonischen Ereignis.

Carme Piños / Enric Miralles

Carme Pinos born 1954, Barcelona; graduated Barcelona polytechnic (E.T.S.A.B.) 1979; est. independent practice 1990

A CEMETERY IS NOT A TOMB.

...to answer some predictable questions and to explain the idea of a 'paths'-cemetery. There is not the relationship between landscape and oblivion...to see a landscape as a cemetery immobilizes us. This first act is already an abstract sign. Later on there is a collection of signals: a small path, doorways...the place becomes quiet. The path is a cloud of trees in this landscape repeating the existing topography. One walks under these trees and the tombs are placed in the walls of the sectional cuts. The shadows of the constructions are projected onto the tomb walls. From the chapel one sees the expanse of the valley...Traversing and descending under the trees we leave the site towards the brook: here we find something similar to an already existing tree-lined avenue. We feel we have come a long way. One has forgotten the origin of the way upon which we set out.

First phase of the project

Some eddies, sideways - the formation of furrows caused the sand to cling there ... some arabesques accompanying the opening of paths. As if looking for support, the cut of the site achieves the covering of the exterior space. These aspects permit us to work within the lines of the first project. Furthermore, the thought prevailed that the first phase should make sense on its own. It appeared to be complete and imposed no fragmentary relations on the landscape. It is distinct in its two faces ... A forward and a backward movement and a movement of displacement lengthwise contains places of rest in the interior realm, it causes a second elevated path to appear, the movement indicating the beginning of a garden in its higher part. To develop the project meant to work within the first proposal and to allow possibilities to escape from it.

A cemetery is not a tomb. We move in an immobile landscape. To see a landscape as a cemetery immobilizes us. This first act is already an abstract sign. Later on there is a collection of elements: a small path, entrance, crypt... the place retains its quietness. In the landscape the way appears as movement of some trees repeating the characteristics of the landscape. One walks under trees, the tombs are placed in the walls of the sectional cut. The shadows of the constructions are projected onto the tomb walls. From the chapel one sees the expanse of the valley ... Traversing ... Descending under the trees we walk to the depth of the valley ... It seems as if the way taken has led to a different part. The motto, a jest compared to the result of these intentions.

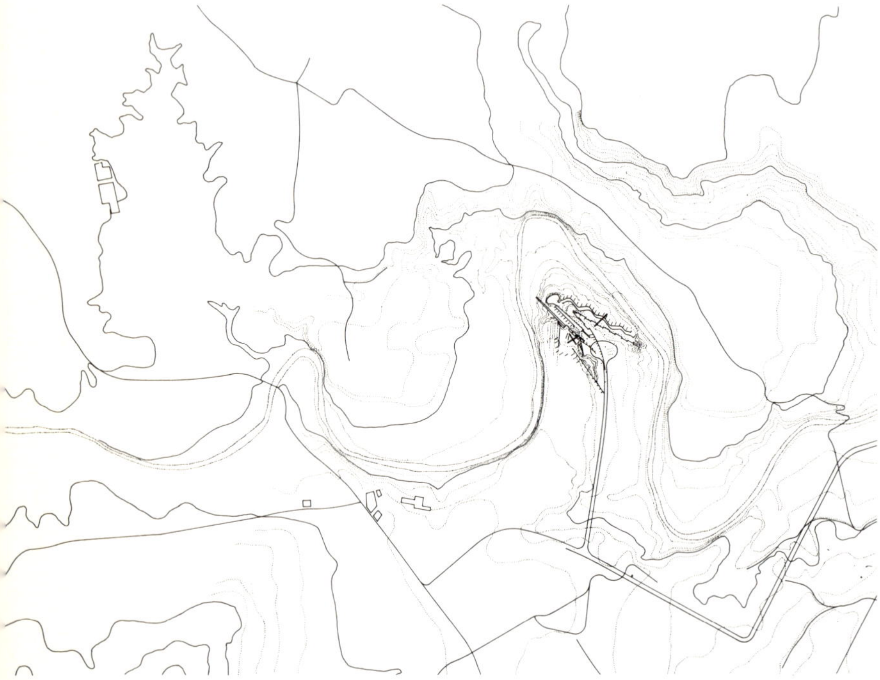

June 1985

This cut of the site, a way of coming and going. Conversely, it functions in the landscape as a kind of fire protection leaving agricultural ground uncultivated. Movement will result from this linear tracing, and from a series of small bridges, steps, and paths, which make it possible to reach the next level of elevation.

Coming through the leaves of the trees one reaches the actual graves. The funeral procession will pass the chapel and reach this point when ascending from the valley.

32-33 06 25 10 89

30-1 SITE PLAN

Enric Miralles born 1955, graduated E.T.S.A.B. 1978; M.Arch Columbia. has taught in New York and Barcelona; currently professor at the

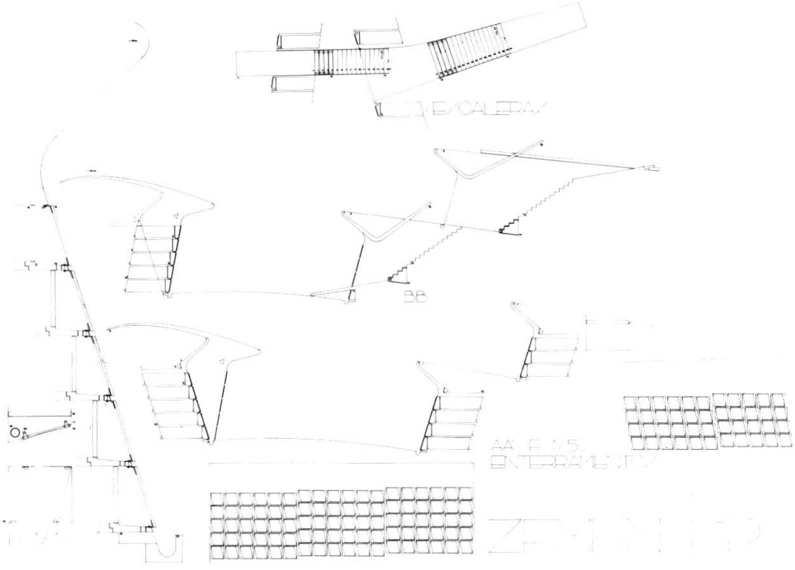

On the inner square, there appears the cross of the funeral processions; the walls - already existing in the project for the competition - determine the inner form of the sacristy and the service rooms. In the interior, the modifications of light play with the objects: latticework, tabernacle, doors, book...and a board in the mortuary supported by a bicycle tire. As already said in the beginning, this work on the project served the first phase, primarily determining the formative elements found on the site and delimited its nature to a fragment of the first proposal. Discovering the possibilities inherent in the arbitrariness of the points on one of these zig-zag lines - always representing the minimal indication of the total plan - permits us to start with the project.

31

May 1987

doors are turnstiles, paving will consist of wooden shingles inserted in concrete ... this will be the surface on which leaves of the trees will accumulate ... movement in the layout of the tombs to define the interior of the path...the double levelling of one of the facades allows for a new, elevated path, more to the inner side and on the same level as the tree tops...Part of the soil gained by the excavation will be used for gardens bordering close by...
detain the street at the entrance...something similar to an oil stain...opposed to this, the paving leading us into the interior consists of wooden shingles inserted in concrete...before arriving, a path leads us to a little garden above the chapel ... inside the path of the processions a capital made of concrete supports the cut of the site at that point where the forward movement and the movement back to the niches come to a halt ...while the other profile curves on two levels...this double movement inside the cut of the site forms a series of squares - expansions - ... one of them, paved only with shingles, can become a kind of chapel under the sky,...another, paved with concrete, is the central place where all funeral processions meet...the chapel receives its interior form through sacristy and service rooms...it is at those walls that light falls through latticework ... the new cemetery follows in its interior the design of the first...

Erster Vorschlag (Wettbewerb)

Das Projekt hier zu erklären,wäre gleichbedeutend mit einer Wiederholung dessen, was die Pläne sagen...
Es scheint fast besser einige vorhersehbare Fragen und die Art des Wegefriedhofes zu erläutern./Ein Friedhof ist kein Grabmal./Er ist nicht diese Beziehung zwischen der Landschaft und dem Vergessen... Beim Betrachten einer Landschaft als Friedhof lähmen wir uns. Dieser erste Akt ist bereits ein abstraktes Zeichen. Später folgt eine Summe an Signalen: schmaler Weg, Tore ... machen den Weg ruhig./In der Landschaft ist der Weg eine Wolke aus Bäumen, die die vorhandene Topographie wiederholt.../Man geht unter diesen Bäumen und die Gräber befinden sich in den Wänden der Profilschnitte. Die Schatten der Konstruktionen bilden sich auf den Grabwänden ab./Die Kapelle bildet einen Aussichtspunkt auf die Tiefe des Tals...Man steigt unter den Bäumen herab, wir verlassen den Geländeschnitt in Richtung Bach, hier etwas ähnliches wie eine bereits existierende Allee. Man hat das Gefühl von sehr weit her gekommen zu sein. Du hast den Ursprung des Weges, den du begonnen hast, vergessen.

Entwurf, erste Phase
Einige Seitenwirbel, in denen sich der Sand durch Furchenbildung festigt... Einige Arabesken, die die Öffnungen der Wege begleiten.
Gleich der Suche nach Halt erreicht der Geländeschnitt, daß er einen Innenraum überdeckt.../Diese Aspekte erlauben uns im Innern der Linie des ersten Projektes zu arbeiten./Ferner gab es den Gedanken, daß die erste Phase Sinn in sich selber haben sollte. Sie hatte etwas Komplettes und setzte keine fragmenthaften Beziehungen mit der Landschaft./Dieser Weg ist unterschiedlich in seinen zwei Gesichtern....Eine Bewegung nach vorn und zurück und eine Bewegung des Versatzes in Längsrichtung birgt Verweilorte im Innern, läßt einen zweiten erhöhtem Weg erscheinen und ist die Bewegung, die auf den Beginn einer Gartenanlage im höhergelegenen Teil hinweist.
Das Projekt voranzutreiben bedeutete, im Inneren des ersten Vorschlages zu arbeiten und gleichzeitig die Möglichkeiten des Ausreissens aus demselben zu entwickeln.

Ein Friedhof ist kein Grabmal ...
Wir bewegen uns in einer unbeweglichen Landschaft. Beim Betrachten des Ortes als eines Friedhofes lähmen wir uns. Dieser erste Akt ist bereits ein abstraktes Zeichen.... Eine Summe von Elementen: Weg, Ankunft, Krypta, ... belassen den Ort in seiner Ruhe./In der Landschaft wirkt der Weg als Bewegung einiger Bäume, die das bestehende Landschaftsprofil wiederholen.Man geht unter den Bäumen, die Gräber befinden sich in den Wänden des Geländeschnitts. Die Schatten der Konstruktion bilden sich auf den Grabwänden ab./Die Kapelle bildet einen Aussichtspunkt auf die Tiefe des Tales./Man quert ... Hinabsteigend, unter den Bäumen, spazierend zum Talgrund... Es scheint so, als habe sich der begonne Weg woanders hingebracht./Das Motto, ein Scherz im Vergleich zum Ergebnis dieser Absichten.

Juni 1985

Dieser Schnitt im Gelände, Weg der kommt und geht. In der Landschaft funktioniert er umgekehrt als Feuerschneise, läßt den landschaftlichen Boden ungenutzt. Die Bewegung wird sich nicht nur durch die lineare Führung ergeben, sondern eine Reihe von kleineren Büschen, Treppen, Pfaden, ... wird ermöglichen auf die nächste Höhenstufe zu gelangen, in dem man zwischen den Blättern der Bäume hindurch zu den tatsächlichen Begräbnisorten kommt.
Der Leichenzug wird die Kapelle passieren und an diesen Punkt über den Aufstieg vom Talende gelangen.

Mai 1987

Wie auf dem inneren Platz erscheint das Kreuz der Trauerzüge die bereits im Wettbewerbsprojekt bestehenden Wände geben der Sakristei und den weiteren Serviceanlagen ihre innere Form. Im Inneren spielt das Licht mit den Objekten: Gitter, Tabernakel, Türen, Buch ,... und der von einem Fahrradreifen unterstützten Tafel im Leichenhaus. Wie wir bereits zu Beginn sagten, diente diese Arbeit am Projekt der ersten Phase, bedingt durch die Tatsache, Fragment des ersten Vorschlags zu sein, vorwiegend der Bestimmung der Gestaltelemente, die wir am Ort vorgefunden hatten. Das Entdecken der Möglichkeit der Beliebigkeit der Punkte einer dieser Zick-Zack-Linien, die immer das minimale Anreißen der Gesamtanlage darstellen, erlaubte uns das Projekt zu beginnen.
Türen sind Drehkreuze, Bodenbelag aus in Beton eingelegtem Holzschotter... er wird die Oberfläche sein, auf dem sich die Blätter ablagern werden, die den ganzen Weg begleiten...
Bewegte Anordnung der Gräber, um das Innere dieses Weges zu berechnen. Das zweifache Niveau einer der Fassaden erlaubt einen neuen erhabenen Weg, innenliegender als der erste und auf der oberen Höhenlinie der Bäume. Ein Teil der durch den Aushub gewonnen Erde wird zur Anlage von Gärten am engen Rand verwandt...

Die Strasse bei der Ankunft aufhalten... Etwas ähnliches wie ein Ölflecken. Demgegenüber ist der Bodenbelag, der uns ins Innere leitet aus in Beton eingelassenem Schotter./Vor der Ankunft führt uns ein Weg zu einem kleinem Garten oberhalb der Kapelle.../Im Innern des Grabweges stützt und scheidet ein Kapitell das Gelände, in dem Moment, in dem die Vorwärts- und Rückwärtsbewegung zu den Nischen aufhört... während sich das andere Profil in zwei Höhen kurvt./Diese doppelte Bewegung im Innern des Geländeschnitts bildet eine Reihe von Plätzen - Aufweitungen -.../Einer davon, nur mit Schotterbelag ausgestattet, wird zu einer Art Kapelle unter offenem Himmel werden. ein anderer, nur mit Betonpflaster belegt, ist der zentrale Ort, an dem sich alle Trauerzüge treffen./Die Kapelle wird in ihrem Innern durch die Sakristei und zusätzliche Dienstleistungen beherrscht. Jene Wände sind der Ort, in dem das licht durch die Gitter fällt. Der neue Friedhof folgt dem inneren der Entwürfe des ersten.

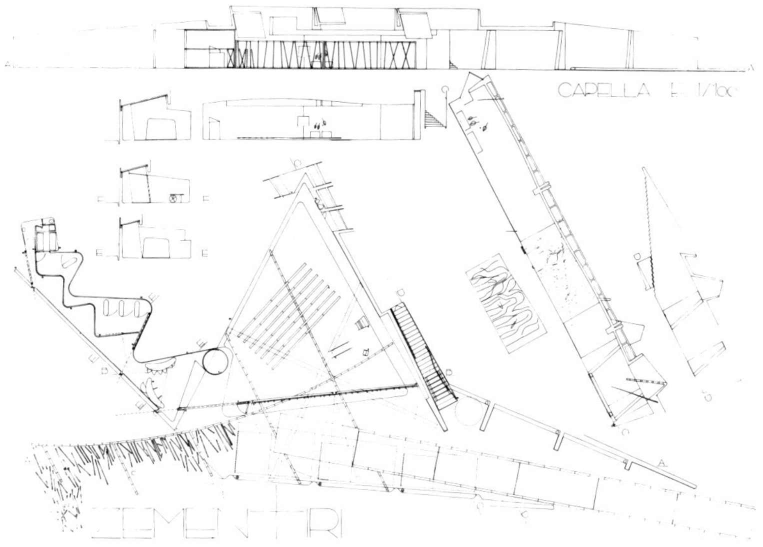

32

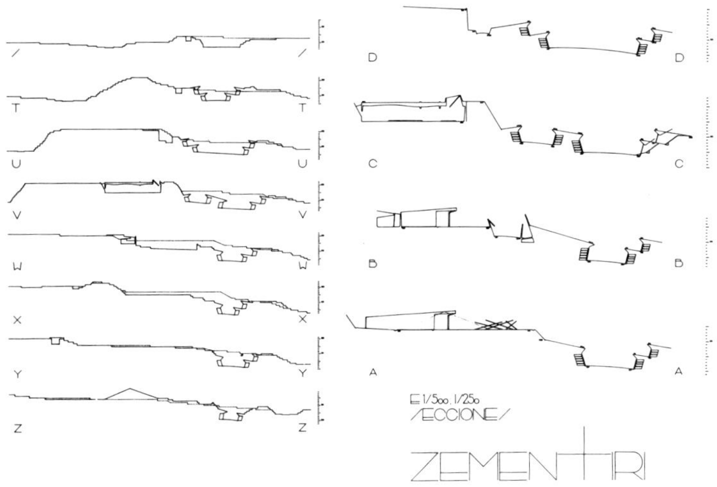

33

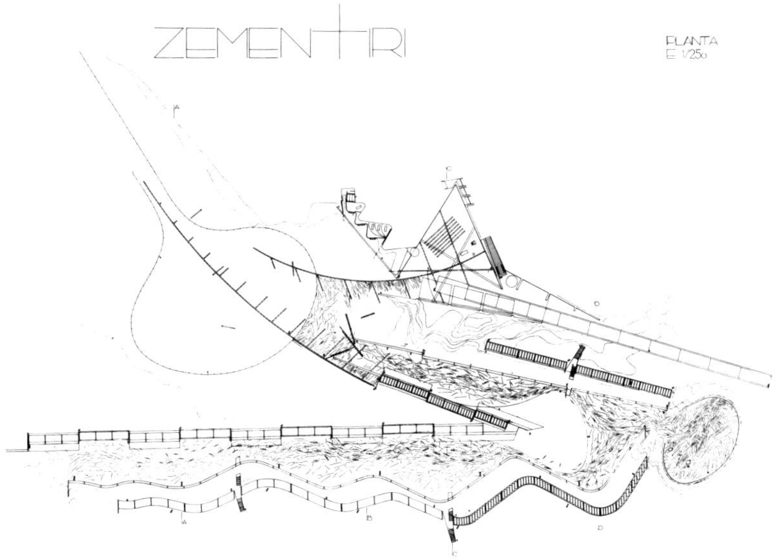

34

32-1 SCHNITTE **33-1** **34-1**

Toyo Ito

born Seoul 1941. graduated Tokyo University 1965. established Toyo Ito & Associates 1971

Architecture in a Stream

Human Body as a Fluid - Vitruvius's Conceptions of Man

The world would look drastically different if we were to consider the human body as a form of various flowing movements instead of a symmetric and static solid. According to Theodor Schwenk, a scholar of hydrodynamics, flow of water is materialized, visualized and fixed in parts of a human body, and therefore, the human body made up of the integration of those parts should be regarded as a continuously changing state. If such a view is at one extreme pole, Vitruvius stands at the opposite pole in his view of a man.

To Alberti and da Vinci, circles and squares are the most perfectly geometric figures suitable to Nature. The figures attested to the harmony and perfection of a human body proving the profound and fundamental truth of men and the universe. If the ideal architectural plane in the age of Renaissance was the one which agreed with the static and eternal human figure, then what form would an architecture which agrees with a fluid human body assume? What about a space encircled with a tent? Imagine tents put up under cherry blossoms. People gather under the trees in order to enjoy the transient beauty of the flower.

The tent symbolizes an architectural act which is taken accidentally for a given event and which is in the most primitive form but integral with nature. The tent was also a film barely covering the make-shift stage and showing the existence of an interface.

In the case of the traditional Japanese architecture, a tent becomes architecture only when it is provided with a roof and supporting poles. A tent as an installation is transformed into architecture, while it assimilates the flows of water and wind, and accommodates itself to the terrain; at the same time, it gets away from a state of the flow, and traps the flow within a minimum but eternal form.

I learned a great lesson from the guesthouse project at Sapporo Breweries' Hokkaido Plant. By digging and piling, I created a new topography with different contour lines just like a weather chart with high and low atmospheric pressures. Just like wind blowing from high pressure to low pressure in a vortex, various flows were generated on the site. Then, it was easy for me to arrange traffic lines of men, plants, water and wind along such contour lines, or in other words, fitting the buildings with the flows. I assimilated the buildings as an element of an environment. Architecture is integrated with nature rather than antagonizing it as an existence independent of nature.

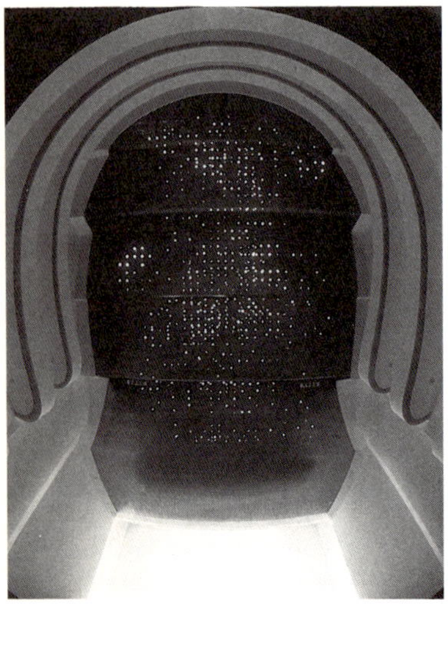

35

I thought such thinking should be applied not only to the architecture in wilderness but also to those in cities without modification. An urban space is after all a space with various flows of cars and people. If seen as a group, buildings and plants imply flows. Water, air, and sound constantly flow and move in an urban space. Building architecture in such an urban space is nothing but an act of finding a position for it in relation to various flows.

In a city like Tokyo, all the buildings surrounding the site are usually different from one another in volume, style, height, material, structure and use. Moreover, they may be demolished any day to be replaced with new ones. Building still another one among them may be not unlike the act of placing a chessman on the board in an already progressing chess game. All are relative and phenomenal just like a game. The act is entirely different from an act of design in European cities where an architect designs in accordance with a certain context to gradually perfect streets. What kind of context could we have in the urban space where games are endlessly repeated?

36-37 07 20 12 89 35-3 FRANKFURT OPER

All we could achieve may only be an act of creating a new tension temporarily in the space which is not unlike a relative chessboard. In other words, it may be analogous to an act of placing a pole in the current of a river. The pole creates new vortex in the flow. The newly created vortex interferes with other vortexes to develop more complicated currents. The centers of the vortexes and the stagnant waters are the places where people gather. The center used to be occupied with cherry blossoms or a bonfire. Nowadays, the center may be the source of information such as TV or audio visual equipment. An urban space in a city today is an accumulation of numerous vortexes which are incessantly produced. We architects should stimulate such space by introducing new vortexes in it to provoke new flows in the surrounding space. Should we not review our city with such a relative and phenomenal way of thinking?

Tents in 21st Century

The project titled „the media ship floating on the River Seine" was a proposal for the competition of Japan France Culture Center and was intended to be an embodiment of such phenomenal and relative architecture. Three media ships form the core of the project as the transmitters of information. The media ships are floating in air with their shadows cast on the River Seine in front of the site. Information is transmitted from them. According to the character of the information, the site is divided into subsections such as a theater, gallery, cafe, library, and seminar houses. Corrugated screens partition respective spaces for different functions. The screens are temporary and light, partitions which barely encircle the areas of gathering just like the tents of old days.

A large glass screen is erected along the road in front of the building to demarcate the boundary between the site and outside. Conceptually, the glass screen is a film just thin enough so as to define an interface between the areas and outside. The screen is made up of 2 sheets of glass with liquid crystal held in between; the transparency of the screen is electrically controlled in units of the finely segmented panels. Like a gigantic light signboard, any pattern may be shown freely at any place on the facade by the differences in transparency.

The concept of the media ships is to cover with light films the varied and multiple vortexes produced in the current of information and nature. The architecture is the minimum form which envelopes such activities.

36

Our ancestors placed themselves in the flows of nature which were incessantly changing, offered a slight yet eternal form, and developed an open architectural style. People of today are situated in a more dynamic current of a city, in addition to that of nature. We are forced to find a minimum and yet continuous system in the unstable and transient phenomenal/relative space so as to make the space into an architecture. Further, architecture today is inevitably involved with the environment which is changing at an accelerated rate, and with the dynamic energy of a consumption society. There is no foundation whatsoever on which architecture can rely and establish stability. If architecture seeks only phenomena and gives itself up to the flow, it will quickly be swallowed in the waves of consumption. Architecture which relies only on the style which is now only a cliche and has an outlook of grandeur will not win empathy from the contemporaries. Architecture of today which is full of life will only survive, if at all, through the contradiction of an unstable, volatile state and a stable system which people can share.

36-3 MUNICIPAL, KINDERGARTEN IN FRANKFURT

Der menschliche Körper als Flüssigkeit - Vitruvius' Auffassung vom Menschen

Die Welt würde entschieden anders aussehen, begriffen wir den menschlichen Körper anstatt eines symmetrischen und statisch starren Gebildes als eine Form von verschiedenen fliesenden Bewegungen. Nach Theodor Schwenk, einem Wissenschaftler auf dem Gebiet der Hydrodynamik, ist das Fließen des Wassers in Teilen des menschlichen Körpers materialisiert, visualisiert und verfestigt. Daher sollte man zu der Auffassung gelangen, daß der menschliche Körper, aus der Integration dieser Teile gebildet, ständigem Wechsel unterworfen ist. Stellt dieser Gesichtspunkt ein Extrem dar, so nimmt Vitruvius in seiner Sichtweise des Menschen den entgegengesetzten Standpunkt ein.

Für Alberti und da Vinci sind Kreise und Quadrate die vollkommensten geometrischen Figuren, die auf die Natur zugeschnitten sind. Die Figuren untermauern die Harmonie und Vollkommenheit des menschlichen Körpers und beweisen die tiefgründige und fundamentale Wahrheit über Mensch und Universum. Gesetzt den Fall, daß in der Renaissance die ideale architektonische Ebene mit der statischen und ewigen menschlichen Gestalt übereinstimmte, welch eine Form würde dann eine Architektur annehmen, die einem fließenden menschlichen Körper entspräche? Wäre ein Raum, umgeben von einem Zelt, denkbar? Stellen Sie sich Zelte vor, die unter Kirschblüten aufgestellt werden. Menschen sammeln sich unter den Bäumen, um sich an der flüchtigen Schönheit dieser Blüten zu erfreuen. Das Zelt, spontan für einen bestimmten Anlaß errichtet, symbolisiert einen architektonischen Akt; es ist von allereinfachster Form, und im Einklang mit der Natur. Das Zelt war auch ein hauchdünner Stoff, der kaum die improvisierte Bühne abdeckte und dem Wesen nach sich als Bindeglied erwies.

37

In der traditionellen japanischen Architektur wird ein Zelt nur dann zur Architektur, wenn es mit einem Dach und Stützen versehen ist...Ein Zelt als Installation wird zu Architektur umgewandelt, während es die Strömung von Wasser und Wind übernimmt, sich an das Terrain anpaßt, sich aber gleichzeitig vom Wesen der Strömung entfernt und die Strömung in einer minimalen, aber ewigen Form einfängt.

Mir wurde durch meine Arbeit am Gästehaus-Projekt für die Hokkaido-Zweigniederlassung der Sapporo Brauereien eine große Lektion erteilt. Durch Graben und Hügel-Aufwerfen schuf ich eine neue Topographie mit unterschiedlichen Konturen, so ähnlich wie eine Wetterkarte mit hoch- und niederatmosphärischem Druck. Ebenso wie der Wind vom hohen zum niedrigen Druck in Wirbeln weht, entstanden mehrere Strömungen auf dem Grundstück. Danach war es leicht für mich, die „Verkehrslinien" für Menschen, Pflanzen, Wasser und Wind entlang dieser Konturen zu ziehen oder, mit anderen Worten, die Gebäude in die Strömungen einzupassen. Ich passte die Gebäude als ein Element ihrer Umgebung an diese an. Architektur wird in Einklang mit der Natur gebracht, statt sich ihr zu widersetzen, so als sei ihre Existenz unabhängig von der Natur.

Ich dachte, daß dieses Denken nicht nur für Architektur in der Wildnis eingesetzt werden sollte, sondern uneingeschränkt auch für Bauten in der Stadt. Ein urbaner Raum ist immerhin ein Raum mit unterschiedlichen Strömungen, gebildet von Autos und Menschen. Werden Gebäude und Pflanzen als Gruppe gesehen, sind Strömungen mit im Spiel. Wasser, Luft und Geräusche sind im urbanen Raum ständig im Fluß und in Bewegung. Eine Architektur in solch einem urbanen Raum zu errichten, heißt nichts anderes als einen Ort zu finden, der im Verhältnis zu den verschiedenen Strömungen steht.

Wird der Auftrag erteilt, in einer Stadt wie Tokio ein Gebäude zu entwerfen, unterscheiden sich normalerweise alle umliegenden Bauten in Volumen, Stil, Höhe, Material, Struktur und Benutzung. Darüber hinaus können sie jederzeit abgerissen werden, um sie durch neue zu ersetzen. Dort einen weiteren Bau zu errichten, wäre so ähnlich, als würde bei einem Schachspiel, das bereits voll im Gange ist, eine weitere Schachfigur auf das Brett gesetzt. Wie beim Spiel sind sie alle situationsbezogen und sinngebunden. Die Arbeit unterscheidet sich völlig von der in europäischen Städten; dort paßt sich der Entwurf des Architekten dem gegebenen Kontext an, um nach und nach das Straßenbild zu vervollkommnen. Was wäre der uns zur Verfügung stehende Kontext in einem urbanen Raum, in dem sich Spiele unablässig wiederholen?

38-39 07 20 12 89

37-1 TOWER OF WINDS

Alles, was wir erreichen könnten, ist, eine vorübergehende Spannung im Raum zu erzeugen, ähnlich wie bei einem situationsbezogenen Schachspiel. Mit anderen Worten, es ist so ähnlich, wie einen Pfahl in die Wellen des Flusses zu werfen. Der Pfahl ruft einen neuen Wirbel in der Strömung hervor. Der neue Wirbel wirkt auf andere Wirbel und entwickelt kompliziertere Wellen. Menschen versammeln sich dort, wo die Zentren der Wirbel und die stehenden Gewässer zu finden sind. Das Zentrum wurde entweder von Kirschblüten oder einem Feuer dominiert. Heutzutage wird das Zentrum möglicherweise durch eine Informationsquelle gebildet, etwa durch Fernseh- oder audio-visuelle Installationen. Urbaner Raum in der Stadt von heute beinhaltet die Anhäufung zahlloser Wirbel, die unaufhörlich produziert werden. Wir als Architekten sollten diesem Raum Impulse geben, dadurch daß wir in ihm neue Wirbel entstehen lassen, die neue Strömungen im umliegenden Raum auslösen. Sollten wir unsere Stadt unter diesem Gesichtswinkel nicht kritisch betrachten, in einer Denkweise, die situationsbezogen und sinnengebunden ist.

Zelte im 21. Jahrhundert 38

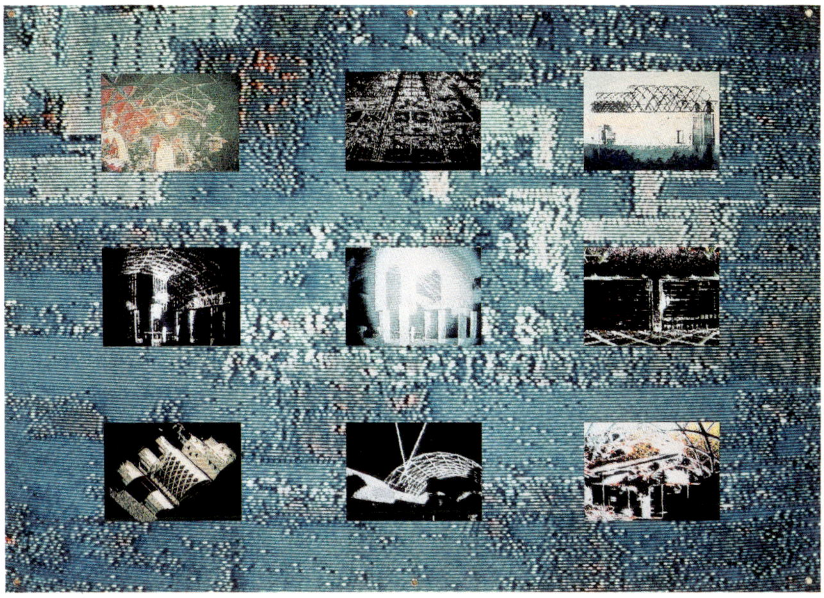

Das Projekt mit dem Titel „Das Medienschiff auf der Seine schwebend", ist ein Entwurf für den Wettbewerb um das Japanisch-Französische Kulturzentrum und als Veranschaulichung dieser sinnengebundenen und situationsbezogenen Architektur gedacht. Drei Medienschiffe, Übermittler von Information, bilden den Kern des Projekts. Die Medienschiffe schweben in der Luft, sie werfen ihre Schatten auf die Seine vor dem Baugrundstück. Sie senden Informationen aus. Je nach dem Wesen der Information wird das Grundstück unterteilt, etwa in Gebäude für ein Theater, eine Galerie, ein Café, ein Bibliothek und Seminare. Faltwände trennen die jeweiligen Räume für verschiedene Funktionen ab. Die Wände, die knapp die Bereiche umgeben, in denen man sich versammelt, sind vorübergehende und leichte Abtrennungen, ganz so wie die Zelte einer vergangenen Zeit.

Eine große Glasabschirmung ist längs der Straße vor dem Gebäude errichtet, um die Grenze zwischen dem Grundstück und dem außerhalb zu kennzeichnen. Die Glaswand ist als eine Schicht gedacht, die gerade dünn genug ist, den Zwischenraum zwischen den Bereichen und dem Außerhalb zu bestimmen. Die Wand wird aus zwei Glasplatten hergestellt, den Hohlraum dazwischen füllt flüssiges Kristall, das in seiner Transparenz in Einheiten fein segmentierter Paneele elektrisch gesteuert wird. Wie auf einer gigantischen Lichttafel kann jedes denkbare Muster auf jeder Stelle der Fassade durch Unterschiede in der Transparenz sichtbar gemacht werden.

Der Entwurf „Medienschiffe über der Seine schwebend" wurde entwickelt, um mit lichten und leichten Schichten die vielfältigen Wirbel zu bedecken, die in der Wellenbewegung von Information und Natur hervorgebracht wurden. Die Architektur ist die kleinstmögliche Form, diese Aktivitäten zu umhüllen.

Unsere Vorfahren begaben sich in die Strömungen der Natur, die unablässig wechselten, nahmen eine leichte, doch ewige Form entwickelten und einen offenen architektonischen Stil.

Zusätzlich zu diesem Naturphänomen ist der heutige Mensch in die noch dynamischere Strömung der Stadt gestellt. Wir sind gezwungen, ein kleinstmögliches und dennoch beständiges System in diesem sinnengebundenen und situationsbezogenen Raum zu finden, das instabil und vergänglich ist, um aus diesem Raum eine Architektur zu schaffen. Des weiteren ist Architektur heute unausweichlich in die dynamische Energie der Konsumgesellschaft und in die Umwelt verstrickt, die sich immer schneller verändert. Es gibt überhaupt kein Fundament, auf das sich Architektur verlassen und auf dem sie sicher errichtet werden könnte. Architektur, die sich nur auf das sinnlich Wahrnehmbare ausrichtet und sich der Strömung übergibt, wird schnell von den Wellen des Konsums verschlungen. Architektur die sich ausschließlich auf den Stil verläßt, der jetzt nur noch ein Klischee ist, und nach Großartigkeit schielt, wird keinen Beifall der Zeitgenossen erhalten. Architektur von heute, die voller Leben ist, wird nur überleben können - wenn überhaupt irgendeine überleben wird - wenn der Widerspruch zwischen einem instabilen, flüchtigen Zustand und einem dauerhaften System, das Personen gemeinsam nutzen, aufgenommen wird.

38-1 SILVER HUT

Lebbeus Woods

born 1940 Lansing, Michigan; studied at Purdue University School of Engineering and at the University of Illinois at Urbana,

Zagreb - Free Zone

It is proposed that the center of Zagreb be constructed as a Free-Zone, comprised of a communications network between a series of Free-spaces. This network is invested with the authority inherent in the distinctiveness of the individuals whose thoughts and actions animate and maintain it.

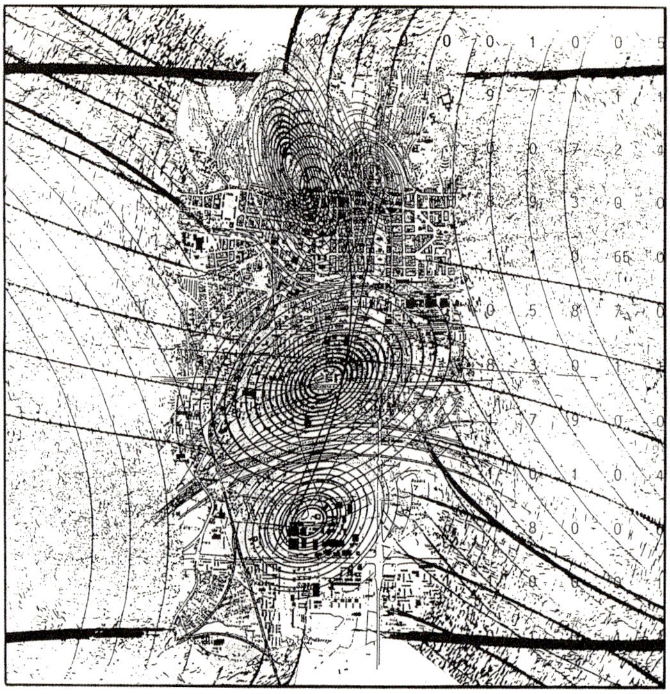

39

Each Freespace is constructed within an existing building, as a renovation, and as a reformation of the essentially neutral Cartesian system of organizing space with the existing urban hierarchy of streets and monuments, in order to create a highly particular yet ambiguous organization of space, requiring for occupation a highly individual invention of usefulness.

Freespace is not invested with pre-determining meaning. Strictly speaking, it is "useless" and "meaningless" space. The physical difficulties of occupation resulting from the eccentricity and complexity of its spatial configuration (the opposite of an easily assumed neutrality) requires occupation to be of a forceful, even adversarial kind. Freespace provokes extreme conditions, within which living and working are energetically engaged with a broad range of physical and mental phenomena.

Within each freespace are located instrument stations. These are electronic nodes containing computers and telecommunications devices for interaction with other Freespaces and locations in the world, and with their inhabitants. These stations also include instruments for deepening the experience by individuals of the extra- human world, the forces of wider nature at every scale, from atoms to the cosmos. In this way, individual human existence is extended into a dynamic form of human community and into nature as a whole.

In the past, it was the principal task of architecture to monumentalize the most important institutions of culture by the creation of an urban hierarchy of forms and spaces that corresponded in a physical way to the hierarchy of authority embodied in the institutions themselves. Today, however, even though hierarchies of authority necessarily remain in society, a new type of order, a new system of authority has taken root in global urban culture: the heterarchy.

40-41 08 06 12 89

39-1 ZAGREB IN THE GLOBAL ELECTROMAGNETIC MATRIX

E T H I C S - Fristenliste der Freihandverbuchungen 22.03.99/18:23:39

THUEER, CHRISTOPH 8056 ZUERICH HARDSTRASSE 90

	Ausleihfristen fest	rueckrufbar
ETH-BAU 611 | 25 348	06.04.99	05.05.99
Fenster zur Architektur : Projekte der Architektur		
ETH-BAU 611 | 25 892: ed.2	06.04.99	05.05.99
Bernard Tschumi / The Manhattan transcripts		

School of Architecture; currently teaching at Cooper Union, New York, and at the Harvard Graduate School of Design

The heterarchy, or network, is a system of organizing space, time and society comprised of autonomous, self-inventing and self-sustaining individuals and groups, the structure of which changes continually according to changing needs and conditions. Representative forms of government and free political systems strongly tend towards heterarchy; free-market economies also, though in both cases, these remain compromised by vestigal hierarchies of authority. Freedom of thought and action are the basis for any heterarchial system, guaranteeing the autonomy of the individual living within a heterarchial system is charactereized by the existential burdens of freedom, but also by the singular rewards of bearing them without illusion.

The emergence of heterarchial urban forms comes at this time in Western history as a result of the growing emphasis on individual existence from ancient Greek culture to the consumer culture of the present, coupled with recent technological developments such as the personal digital computer and instruments of telecommunication that simultaneously weaken the old hierarchies of authority by disseminating widely the information formerly held exclusively by them, and now make possible the relative autonomy of individual and small, flexible and dynamic special interest groups.

40

These technological developments have been, in turn, based on revisions in fundamental understandings of nature expressed first in Relativity and Quantum Theories, then in Systems and Information Theories and Constructivist Cognition Theory, and most recently in chaos Theory, whose mathematics feeds directly back into the operation of free and non-deterministic systems of the sciences and arts based on a working understanding of uncertainty, amibiguity and unpredictability in the complex heterarchies within the natural and human worlds.

41

The manifestation of heterarchies in the contemporary city is largely hidden, because it emerges from within spaces of individual living and working and works invisibly from there outward. These heterarchies cannot be monumentalized in the traditional sense of permanent patterns of movement, exchange and interaction, even though the individual habitations for the most part remain fixed. Instead, the heterarchies of contemporary community exist as elusive, ephemeral, continually changing patterns of free communication emanating from and received within isolated, yet distinct spaces of habititation.

40-1 RETURN TO SENDER

41-1 FREESPACE STRUCTURE (BRIDGING)

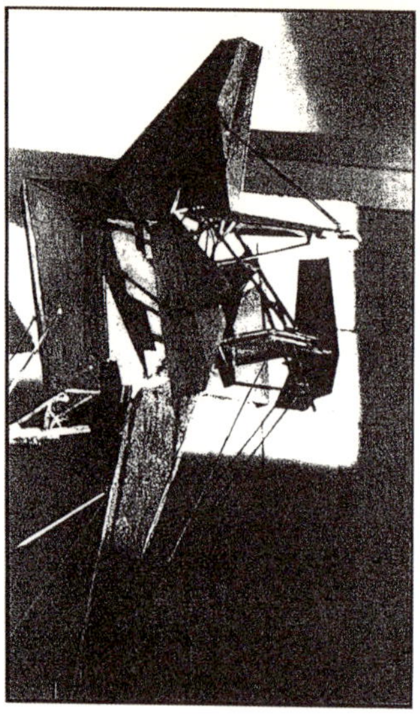

42

43

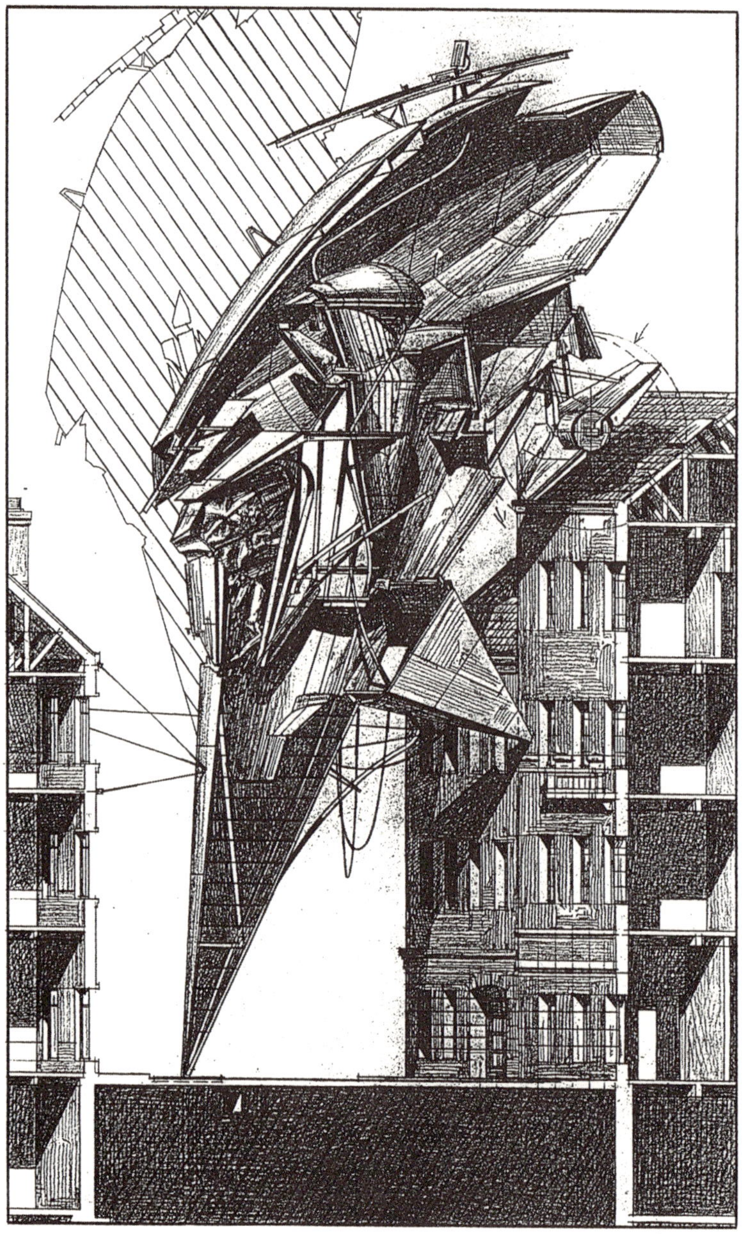

44

42-43 08 06 12 89 42-1 FREESPACE STRUCTURE - MODEL 43-1 MODEL 44-1 LEANING - SECTION

Der Vorschlag sieht vor, das Zentrum von Zagreb als Free-Zone <Freibereich> zu gestalten, die ein Kommunikationsnetzwerk zwischen einer Reihe von *Freespaces* <Freiräumen> umfaßt. Dieses Netzwerk wird mit der Autorität ausgestattet, die auf der Eigenheit der Individuen beruht, deren Gedanken und Handlungen es beleben und erhalten.

Jeder *Freespace* wird innerhalb eines bereits bestehenden Gebäudes geschaffen; er renoviert und reformiert das im wesentlichen neutrale cartesianische System der Raumordnung im Bereich der vorhandenen urbanen Hierarchie von Straßen und Baudenkmälern. Er soll eine Raumordnung bilden, die in hohem Maße besonderen Ansprüchen genügt und doch anspruchsvoll ist und somit von denjenigen, die den Raum in Besitz nehmen, großen, individuellen Einfallsreichtum zu seiner Nutzbarmachung fordern.

Freespace ist mit keiner vorher festschreibenden Bedeutung behaftet. Genau genommen ist es „nutzloser" und „bedeutungsloser" Raum. Die physischen Schwierigkeiten, die sich seiner Aneignung entgegenstellen und von der Exzentrizität und Komplexität seiner räumlichen Aufteilung (das Gegenteil einer leicht zu übernehmenden Neutralität) herrühren, erfordern eine kraftvolle, wenn nicht gar gegnerische Haltung bei der Aneignung. *Freespace* provoziert extreme Bedingungen, unter denen Leben und Arbeiten sich in einem energetischen Prozeß befinden mit einer großen Bandbreite physischer und mentaler Phänomene.

Innerhalb jedes *Freespace* befinden sich Schaltzentralen. Dies sind elektronische Kotenpunkte mit Computern und Telekommunikationsmitteln, um mit anderen *Freespaces* und Orten rund um die Welt und seinen Bewohnern in Kontakt zu treten. Auf diesen Stationen finden sich auch Instrumente, um die Erfahrung mit Individuen der außer-menschlichen Welt zu vertiefen, die Kräfte der weiten Natur in jeder Größendimension, von Atomen bis zum Kosmos. Auf diese Art und Weise wird die individuelle menschliche Existenz erweitert, nimmt eine dynamische Form menschlicher Gemeinschaft an und erstreckt sich bis zur Natur als Ganzes.

In der Vergangenheit war es die Hauptaufgabe der Architektur, die wichtigsten Kulturinstitutionen in monumentalen Bauformen einzuschließen durch die Schaffung einer urbanen Hierarchie von Formen und äumen, die in physischer Weise der, sich in den Institutionen verkörpernden, Autoritäts-Hierarchie entsprach. Heute jedoch hat - obwohl notwendigerweise Autoritäts-Hierarchien in der Gesellschaft erhalten bleiben - eine neue Art von Ordnung, ein neues Autoritatssystem in der globalen urbanen Kultur Fuß gefaßt: die *Heterarchie*.

Die *Heterarchie* - oder das Netzwerk - ist ein System, das Raum, Zeit und eine Gesellschaft organisiert, die sich aus autonomen, selbst-bestimmten und sich selbst-erhaltenden Individuen und Gruppen zusammensetzt. Seine Struktur wandelt sich ständig je nach den sich verändernden Notwendigkeiten und Bedingungen. Repräsentative Regierungsformen und freie politische Systeme tendieren stark zur *Heterarchie*, ebenso freie Marktwirtschaften, obwohl alle beide mit Spuren von Autoritäts-Hierarchien behaftet bleiben. Gedanken- und Handlungs freiheit sind die Grundlage für jedes *heterarchische* System. Sie garantieren die Autonomie des Individuums, das in einem *heterarchischen* System lebt, gekennzeichnet durch die existentiellen Bürden der Freiheit, aber auch durch den einzigartigen Lohn, der darin liegt, sie ohne Illusion zu tragen.

45

Das Auftauchen heterarchischer, urbaner Formen ergibt sich zu diesem Zeitpunkt westlicher Geschichte aus dem wachsenden Gewicht, das auf die individuelle Existenz gelegt wird, beginnend mit der alten griechischen Kultur bis in unsere heutige Verbraucherkultur. Dies ist gekoppelt mit den technologischen Entwicklungen der letzten Zeit wie digitale Personalcomputern und Telekommunikationsmitteln. Diese üben gleichzeitig eine Doppelwirkung aus: sie schwächen durch eine weite Verbreitung von Information die alten Autoritäts-Hierarchien, die früher ausschließlich über Information verfügten, und ermöglichen jetzt die relative Autonomie individueller und kleiner, flexibler und dynamischer Interessen gruppierungen.

Andererseits beruhten diese technologischen Entwicklungen auf den Revisionen grundlegender Naturauffassungen, die zuerst ihren Ausdruck in Relativitäts- und Quantentheorien fanden, dann in System- und Informationstheorien sowie in der konstruktivistisch-kognitiven Theorie, schließlich, seit neuestem, in der Chaos-Theorie. Die Mathematik der Chaos-Theorie steht in direkter Rückkoppelung zur Arbeitsweise freier und nicht deterministischer Wissenschafts- und Kunstsysteme und beruht auf einem anwendbaren Verständnis der Unschärfe, der Ambiguität und der Nicht-Vorhersagbarkeit, wie sie sich in den komplexen *Heterarchien* innerhalb der natürlichen und menschlichen Welten finden.

Die Manifestation von Heterarchien in der Stadt der Gegenwart ist weitgehend versteckt, denn sie entsteht aus den individuellen Lebens- und Arbeitsräumen heraus und findet ungesehen ihren Weg von dort nach draußen. Diese Heterarchien können nicht in monumentalen Bauformen in der traditionellen Auffassung permanenter Bewegungs-, Austauschs- und Interaktionsmuster eingeschlossen werden, obwohl die individuellen Wohnstätten zum großen Teil unverändert erhalten bleiben. Statt dessen existieren die *Heterarchien* der derzeitigen Gemeinschaft als flüchtige, kurzlebige und sich ständig verändernde Muster freier Kommunikation, die aus den isolierten und doch klar erkennbaren Räumen dieser Wohnstätten herausströmen und in ihnen aufgenommen werden.

Michael Webb

born 1937, Henley ; founding member Archigram in 1961; teaching positions at AA, Rhode Island School of Design; currently

46

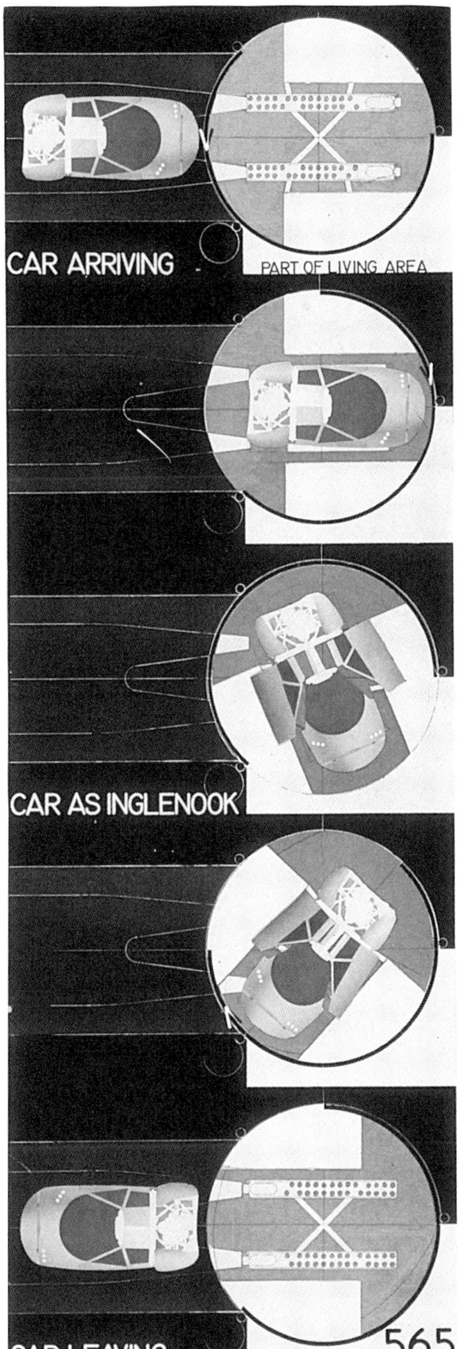

47

47-1 ROTARY GARAGE FALL 1988

Das Projekt, das noch in einer Vorphase ist, kann so beschrieben werden, wie ich es mir erhoffte: es kann eine rotierende Mauer entwickelt werden, die in all ihren Rotationsphasen das Innere vom Äußeren trennt, daß ein Standardautomobil unabhängig von der Wand rotiert, das in seiner Bewegung* einen Epizyklus bildet. Es ist daher kein Zufall, daß das hier gezeigte Auto von einem Wankelmotor (horizontal angebracht) angetrieben wird.

Es ist zu hoffen, daß das Auto auf der Etage mit dem Lebensraum landen wird: den Raum mit Energie aufladend, eine freistehende metallische Skulptur.

*als ich den Satzteil "der in seiner Bewegung" schrieb, erinnerte ich mich an jene Zeilen im 5. Akt von 'Der Kaufmann von Venedig':

Selbst das kleinste All, das du erblickst, durchklingt Bewegung, wie Gesang der Engel.

Diese schönen Zeilen sprechen von der Sphärenmusik und ihrer -unbeschreiblichen Rotation; wir Sterblichen können dies nur in einem Vergnügungspark erleben, in der Achterbahn oder der Berg- und Talbahn - oder in diesem Projekt.

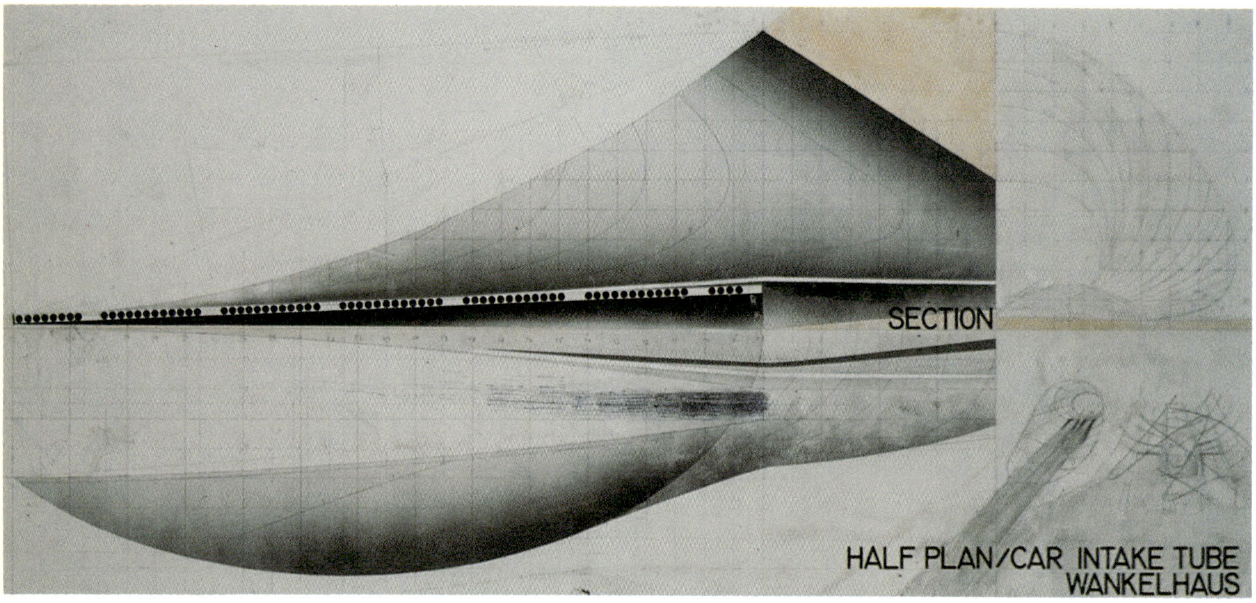

48

The project, being in a preliminary stage, may be described in terms of my hopes for it: that a rotating wall may be devised which in all its rotational phases isolates the interior from the exterior, that the standard production automobile rotate independently of the wall which in its motion* follows an epitrochoid curve. Thus it is no coincidence that the auto shown here is powered by a Wankel rotary engine (mounted horizontally).

The auto, hopefully, will end up on the living area floor: an engergiser to the space, a free standing metallic sculpture.

*when I typed the phrase 'which in its motion' I was reminded of those lines from Act 5 of 'The Merchant of Venice':

There´s not the smallest orb that thou beholdest but in his motion like an angel sings.

Such beautiful lines speak of the music of the spheres and of their ineffable rotation; we mortals can experience this only in an amusement park, on rides like the Octopus or the Roller Coaster - or in this project.

46-47 09 18 12 89 **48-1 HALF PLAN/CAR INTAKE TUBE-WANKELHAUS**

Sequenz:
ankommen.
aussteigen.
ausziehen.
pinkeln oder kacken (Toilettenschüssel befindet sich in der Mitte der Treppe).
baden.
schlafen.
baden.
pinkeln oder kacken (Toilettenschüssel befindet sich in der Mitte der Treppe).
anziehen.
einsteigen.
wegfahren.

sequence:

arrive.

get up from seat.

undress.

pee or shit (toilet bowl in in middle of stair).

bathe.

sleep.

bathe.

pee or shit (toilet bowl is in middle of stair).

dress.

lower into seat.

depart.

Giuliano Fiorenzoli

born Florence, 1943; M. Arch. University of Florence; M.A. M.I.T.; lives and practices in New York

Es ist wohl so, daß meine Arbeit stark autobiographisch geprägt ist. Sie scheint in ihrem Reiseweg sehr eng den Ereignissen meines Lebens zu folgen. Es finden sich Ideen und Eingebungen über das Wesen der Architektur am häufigsten da, wo ich mich selbst als einen der vielen Bewohner unserer Städte sehe. Das völlige Erfassen der Komplexität unseres städtischen Lebens erscheint mir zum gegenwärtigen Zeitpunkt eine unmögliche Aufgabe. Weiterhin mache ich mir öffentlich, in meiner Arbeit, nicht die Idee zu eigen, ein Techniker zu sein, der die physische Ausuferung der durch Menschen geschaffenen Gebilde zu lösen oder umzusetzen versucht, die im Raum so oft unsere Sinne belagern.

Obwohl mir die Werkzeuge zum völligen Verstehen der urbanen Phänomene, auf die Architektur unmittelbar bezogen ist fehlen, zweifle ich nicht daran, daß die Welt des rapiden Wachstums, diejenige, die Glück und visuelle Befriedigung verspricht, eine enorme Menge Streß geschaffen hat. Große städtische Areale wurden zu Orten der Frustration, Unsicherheit, Spannungsverhältnisse und sichtbarer physischer Unordnung, die zu bewältigen sind.

Die moderne „Stadt", von einer Kultur erdacht die Theorien von Leistungsfähigkeit unzureichend erörtert, scheitert beim Bewahren eines wünschenswerten Charakters oder formaler Identität an ihrer gewaltigen Ausdehnung. Das rapide Wachstum ihrer vielen Zentren, die Besetzung und Maximierung des verfügbaren Baugrunds setzt die Idee von „Raum" herab, zum einen als physische Erfahrung zum anderen als abstrakte, intellektuelle Idee, die es verdient, weiterverfolgt zu werden.

Die Stadt wird oft als ein gebautes, sich aufdrängendes Gebilde wahrgenommen, das unsere Sinne verletzen kann, während es unseren Augen kommerzielle Paradiese als letztendliche Belohnung verspricht. Meine in der Gallerie gezeigten Zeichnungen stellen sich bewußt als ein Moment der Befreiung von den obengenannten physischen und psychologischen Einengungen dar. Während sie zur geistigen Auseinandersetzung auf bestimmte Bauplätze und Orte weisen, versuchen sie gleichzeitig die äußere Form solcher Plätze zu umreißen, die ein Gefühl des Wohlbefindens wiederzugewinnen scheinen.

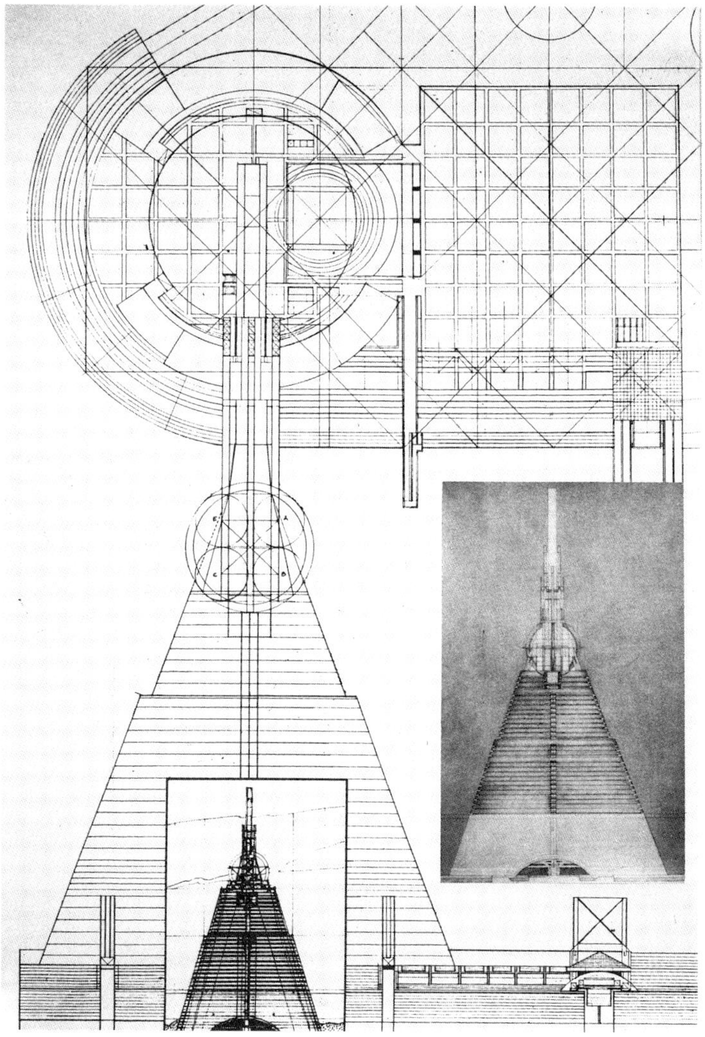

50

Solche Projekte machen in der Tat aufmerksam auf städtebauliche Formelemente wie städtische Parks oder einfach „Areale des Bewußtseins", erzeugt durch einen abstrakten Prozess, der leere Räume entwirft; eine notwendige Anfangsbetrachtung für Architektur im Raum. Diese Gedanken über negative Architekturen können den Effekt haben, unsere Psyche durch offene Außenräume und weitläufige, harmonische Innenräume positiv einzunehmen und zeugen von unserer Sinnlichkeit und unserem Verlangen nach visueller Schönheit. Erst dort kann Stille und Eleganz der Formen und eine neue innere Ruhe gefunden werden.

50-1 CONEY ISLAND HOTEL-1984

My work seems to be very autobiographical. It seems to follow in its itinerary, the events of my life in a close way. Ideas and intuitions on the nature of architecture are present and most frequently are to be found in the way. I think of myself as one of the many inhabitants of our cities. To fully comprehend the complexity of our urban life seems to me, to be at this point in time, an impossible task. Further more, I do not openly embrace in my work the idea of being a technician trying to solve or implement the physical explosion of artifacts that have, in space, quite often sieged our senses.

Although I lack the tools to fully comprehend the urban phenomena to which architecture is intimately related, I have no doubt in saying that the world of fast growth, one that promises happiness and visual gratification, has produced an enormous quantity of human stress. Large urban areas have become places of frustration, insecurity, tension, and visual physical disorder to which to adjust.

The recent 'city' envisioned by a culture that poorly debates on theories of efficiency fails to retain a desirable character or formal identity because of its massive dimensions. The rapid growth of its many centers, the occupation and maximization of most available grounds, makes the idea of 'space' decline both as a physical experience as well as an abstract, intellectual idea that deserves nourishment. The city is often perceived as a built, intruding artifact that can offend our senses while promising commercial paradises to our eyes as a final reward.

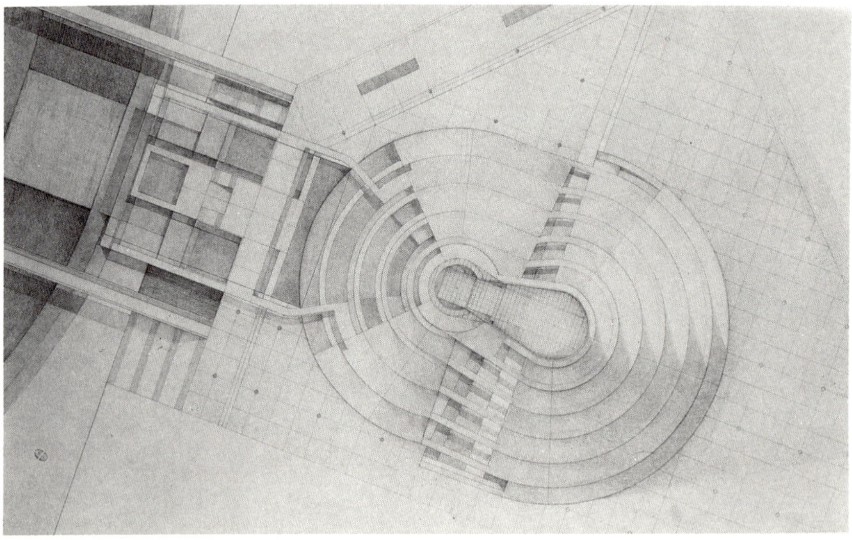

51

My drawings consciously present themselves as a moment of relief from the above physical and psychological constraints. While pointing to specific sites and places for mental exploration, they attempt to isolate an outerness about those places that seem to regain a sense of well being.

Such projects refer in fact to urban morphologies such as urban parks, or simply places of the mind generated by an abstract process that envisions physical voids as a necessary initial consideration of architecture in space. These thoughts of negative architecture can have the effect of positively engaging our psyche through open spaces and spacious harmonious interiors, and want to speak of our sensuality and desire for visual beauty. There, silence and elegance of forms and an acquired peace of mind can be found.

50-51 10 13 01 90

51-1 URBAN FORM, MELBOURNE, PLAN 1985

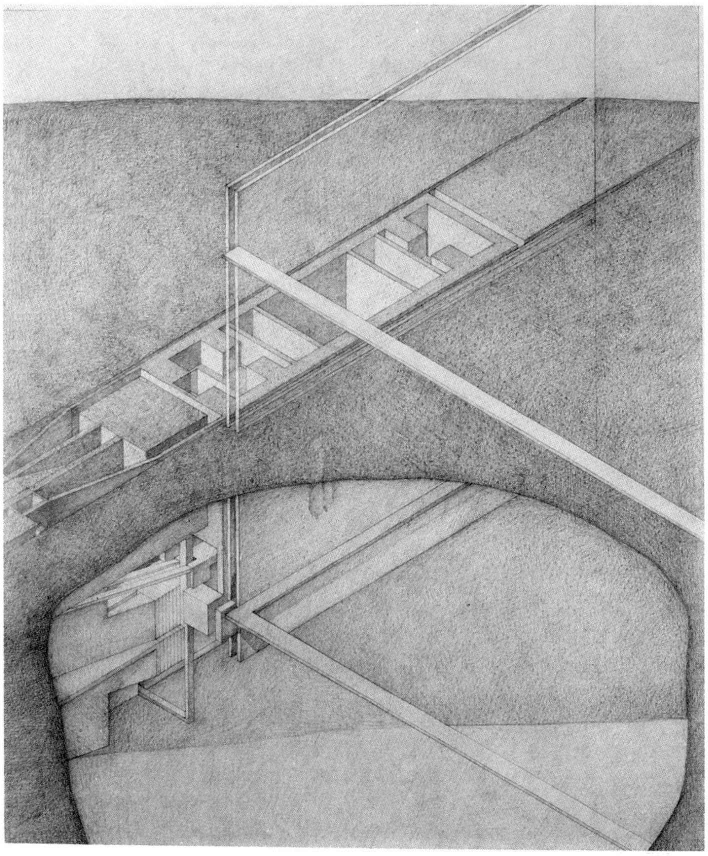

52

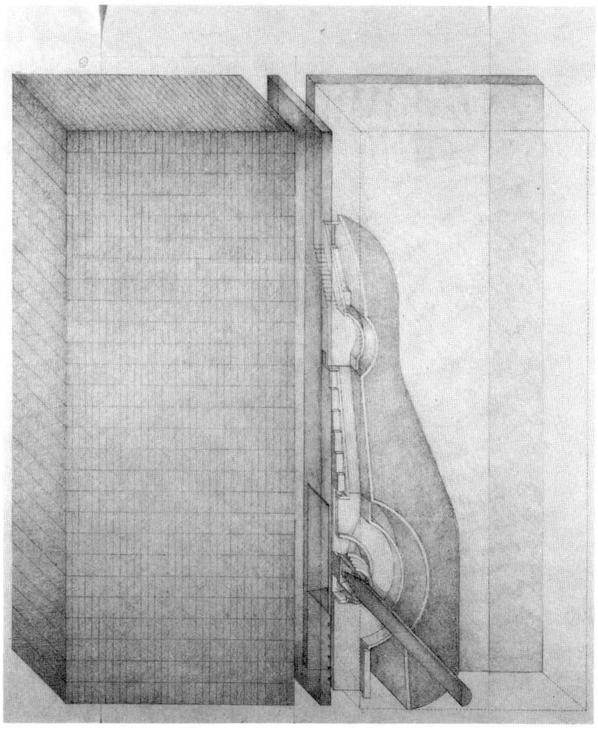

53

52-1 VISION - NEW YORK **53-1 RAINBOW PLAZA, NEW YORK CITY**

Peter Cook

THE CRACK IN THE DOOR

Nowhere more than in Germany has architecture arrived at a solid position in society: discussed by serious newspapers, identified by the man and woman in the street and inevitably used to establish positions in the status games played between the major cities. Of late, there has arisen a calm atmosphere of rapprochement between rationalists, lapsed post-modernists, lapsed modernists and born-again modernists around the shared banner of 'urban' architecture. Into such a scene, the young architect need do little more than observe, measure, recreate and dismiss any thoughts of revolution. History suggests that we may be in for a quiet period in northern Europe but it also seems that this will parallel a rather mute and self-satisfied condition within architecture. Any instrument. Any conjunction of forces. Any syndrome. Any irritant... that disturbs this 'comfortableness' and suggests that there may be more to be noticed, more to be learnt, more in it that meets the eye ... is to be valued especially in such a period. Let us not forget the late19th and early 20th century. Lecture rooms, journals and galleries are mere cracks in the solid door of commonplace professionalism.

THE SMOKE IN THE SALON.

Formal events, 'podium discussions', exhibitions that are prepared three years in advance, tipping your hat in the direction of those with power and influence ... none of them have been there at the special magic moments in architecture have happened. Gropius and le Corbusier worked briefly in the same office. So did Venturi and Saarinen. So too did Isozaki and Kurokawa. The business of getting talented people going ... of coercing action, of 'willing' people to be in the same room at the same time .... it is all a subtle business. There is on the one hand the creation of the salon: Is it to meet on Wednesdays or on Fridays? In a large room or small? The excuse for being there? The launch of a book or a boat? The celebration of an Anniversary or of an Initiative? To (ostensibly) look at some things on a wall or at a group of people making fools of themselves? The smoke will be created when the atmosphere has become something beyond. When the smokers can light up, the chatterers chat, the listeners gossip and start doing the rounds.

Out of this might come the precious substance - enthusiasm - and, given impetus - it might start to creep through the crack in the door. A gallery of architecture is as good a salon as any. There is the relative lack of formality since you rarely have to stay silent or fixed in one spot. Also, you can never be quite sure what will be presented to you on the wall .... maybe the architect is using this less-than-everyday mode as a testbed. Maybe he didn't send what the organizer asked for. Maybe in the detached condition of the 'exhibition' the values and icons are exchanged - scrambled and maybe the spectator has to work a little harder than when he is sitting comfortably in a lecture room with the prescribed formulae and linkages being spelled-out energetically by the architect.

THE GLEAM IN THE EYE

Way back in the early 1970's the Archigram group won a big competition and had to rent a house with a shop in the Covent Garden district of London. What to do with the shop? We made it into a gallery called 'Ad-Hocs'. It had only three exhibitions, the first of which was by Wolf Prix and Helmuth Swizinsky - the Himmelblau boys. It was our first experience of using the guest exhibition both as a promotion of our friends and (just as important) as a spur for ourselves. Shortly afterwards came an invitation from Barbara Jakobsen in New York to send 'just two or three little drawings' so that they could 'just be put up around the Museum of Modern Art restaurant'. Mike Webb, Cedric Price and I did just that......we looked for something in a drawer that might marginally tittilate the dilletante tea-dry Manhattan. It was only when we saw the SHOW that we realized that our English nonchalence had totally missed the point....the embryo New York Five, the Argentines and the other assorted professional showoffs had large, beautiful, elegantly framed exhibits.... carefully placed.

OK. Never again. Exhibitions must be clear, well placed, skilfully contrived, timed, expressive.........a marvellous lesson. Somehow the Ad Hocs Gallery metamorphosed into the ART NET. (The presence of a builder-millionare who was at the time an art fanatic helped it to exist for six years). Art Net existed in a warehouse and was 75% architecture. The procedure was to confront the London locals with active architects from outside. To confront the famous with the up-and-coming. The first English shows of the Krier brothers, the New York 5 or Superstudio were contrasted with shows by Bigas Luna, Will Alsop, Daniel Libeskind or Gruppo Labarinto.......none of them known outside their coteries at the time. It was hard work for the local architectural population - despite the activities of the Architectural Association, only two blocks away. The two institutions pummelled the poor ´steadies´ of the London offices with ascetic Luxemburgers, articulate New Yorkers, weird Austrians, kids off the local street who could draw........and how they could......some of them. (If our millionaire had continued to be interested in art it could have been going now.) Two ladies from Berlin started to visit Art Net and talked about making a gallery for Architecture and our mutual friend Eduardo Paolozzi egged us all on. Names were talked about, gossip exchanged and a year later, Aedes was born. It is still the most consistent and adventurous European gallery and the extension of its role...as a kind of agency for action, as well as its sorties into Paris, Moscow and elsewhere remains completely valid.

More recently there have been tales of galleries for architecture springing up in Oslo, Munich, Copenhagen, Lisbon, Paris and Brisbane....yes, Brisbane. Rumours of Maalmo, Aarhus, Hannover and Athens. They are often fragile, opening and closing according to the bank-balance of the backer, father-figure or crew of three that do everything. In Oslo and Copenhagen the Galeries Rom and Skala respectively have been at the core of intense local activity on the part of the really young and really bright architects ´leapfrogging´ the local traditions of cautious, sensitive Modernism. Both are temporarily closed through lack of funds....but will open again.

In New York, Max Protech holds big shows of saleable architects´ work, and round the corner there is a strange (slightly tacky) triangular shop 30 metres long called ´Storefront´. Here, the mixture of 70% architects 30% artists is invoked again.....but also like the Scandanavians, it is the focus for really young architects to meet with the more adventurous figures from Los Angeles, London or Milan. There has been a gleam in the eye of the occasional enthusiast that has caused him or her to say.......´OK, lets show it.... even if only three people in town have heard of this work......only ten people in town will like it.......and, maybe in ten years time two hundred people in town will claim that they were there at the opening´.

THE MARK ON THE MAP

(Which also might be called - THE MOMENT IN TIME).

In case the cosy notion that all of this business of architecture galleries is a self contained corner of show business might arise, we must remember that ARCHITECTURE IS A BATTLE. In the Nineteenth and early twentieth century it might have been a battle of styles, of rationalists versus romantics or classicists versus expressionists and more recently between Modernists and anti-modernists. The real battle however, is between those who care about architecture and those that are just bystanders (though they may call themselves architects).

The idea of the **FENSTER** gallery .... emphatically the **WINDOW**.....(window looking out as well as in)....(window to the world)....etc.. was a renegade and freethinking antidote to the more establishment role of the D.A.M. The Städelschule, faster and looser than the high architecture school at Darmstadt. The international network rather than the Rhine-Main. The attachment-complemenariness to the school becoming obvious. Choosing Neil Denari as first exhibitor was also symbolic: Young. New. Not (at that time) one of Peter Cook´s circle of friends. Not German or English. Subsequent history has led to Denari being one of the most imitated architects in the schools of the northern hemisphere.

Clues regarding my own choice of other exhibitors are here.......a naughty architect followed by a serious one. A sideways challenge from exhibitor to exhibitor. A constant challenge to the students (allied to the use of many exhibitors as passing teachers). It would not be too arrogant to suggest, I think, that the list of architects is somewhat more creatively eccentric than the parallel list offered by the D.A.M. ... or even Aedes.... in the same period.

And we cannot predict what the next exhibitor will actually show.

.........This keeps one awake, anyway.

DER SPRUNG IN DER TÜR
DER RAUCH IM SALON
DAS AUFBLITZEN IM AUGE
DAS ZEICHEN AUF DER KARTE
GEDANKEN ZUR 'FENSTER' GALERIE IN FRANKFURT

DER SPRUNG IN DER TÜR

Architektur hat in Deutschland mehr als anderswo eine feste Position in der Gesellschaft erlangt: von gewichtigen Zeitungen diskutiert, von Mann und Frau auf der Straße beachtet und unausweichlich benutzt, um Positionen größere Städte zu untermauern. In letzter Zeit ist eine ruhige Atmosphäre der Annäherung entstanden, die sich zwischen Rationalisten, abtrünnigen Postmodernisten, abtrünnigen Modernisten und wiedererweckten Modernisten ergeben hat, - unter dem gemeinsamen Banner 'urbaner' Architektur. Vor solch einem Hintergrund braucht der junge Architekt wenig mehr zu tun, als zu beobachten, zu messen, nachzuschöpfen und jeden Gedanken an Revolution fahren zu lassen. Die Geschichte deutet darauf hin, daß wir es mit einer ruhigen Epoche im nördlichen Europa zu tun haben. Aber es scheint auch, als sei dies von einer eher dumpfen und selbstzufriedenen Stimmung in der Architektur begleitet. Irgendein Instrument. Irgendeine Zusammenballung von Kräften. Irgendein Syndrom. Irgendeine Irritation ... irgendetwas, das diese 'Gemütlichkeit' aufstört und darauf hinweist, daß es noch mehr zu beachten gibt, mehr zu lernen, mehr, als augenblicklich im Blickfeld ist ... ist von Wert, gerade in einer solchen Epoche. Wir sollten das ausgehende neunzehnte und beginnende zwanzigste Jahrhundert nicht vergessen. Vortragssäle, Zeitschriften und Galerien sind nur Sprünge in der soliden Tür des allgemeinen und gewöhnlichen Professionalismus.

DER RAUCH IM SALON

Konventionelle Veranstaltungen, 'Podiumsdiskussionen', Ausstellungen, die drei Jahre im voraus geplant werden, die Verbeugung vor denen, die Macht und Einfluß haben ... nichts von alledem hat Pate gestanden bei den besonderen, magischen Augenblicken, in denen Architektur Raum gegriffen hat. Gropius und le Corbusier haben für kurze Zeit im selben Büro gearbeitet. Ebenso Venturi und Saarinen. Ebenso auch Isozaki und Kurokawa. Die Aufgabe, talentierte Leute auf die Bahn zu bringen ... Handlung zu schmieden, 'willige' Leute zur selben Zeit am selben Ort sein zu lassen ... all dies ist eine subtile Aufgabe. Zum einen geht es darum, einen 'Salon' ins Leben zu rufen: Soll die Runde sich mittwochs oder freitags treffen? In einem großen Raum oder einem kleinen? Ein Vorwand, um da zu sein? Der Stapellauf eines Bootes oder das Lancieren eines Buches? Die Feier eines Jahrestags oder einer Initiative? Um (vorgeblich) einige Objekte an der Wand anzusehen oder eine Gruppe von Leuten, die sich zum Narren machen? Der Rauch wird entstehen, wenn die Atmosphäre darüber hinausgeht. Wenn die Raucher ihre Zigarette anzünden können, die Redseligen reden und diejenigen, die dem Klatsch zuhörten, anfangen, ihre Kreise zu ziehen. In diesem Rahmen könnte jene wertvolle Substanz - der Enthusiasmus - aufkommen, und, wenn er angefeuert wird, könnte er anfangen, durch den Sprung in der Tür zu kriechen. Eine Architektur-Galerie ist so gut wie jeder andere Salon. Bis zu einem gewissen Grad fehlt es an Formalität, da man nur selten ruhig und still an einem Fleck stehen muß. Außerdem kann man sich nie ganz sicher sein, was an den Wänden zu sehen sein wird ... vielleicht benutzt der Architekt diese unübliche Methode als Versuchsballon. Vielleicht hat er nicht das gesandt, wonach die Organisatoren gefragt haben. Vielleicht werden in der Unverbindlichkeit der 'Ausstellung' die Werte und Bilder ausgetauscht - durcheinandergewürfelt und vielleicht muß der Betrachter etwas härter arbeiten, statt bequem im Vortragssaal zu sitzen und zu hören, wie der Architekt energisch die vorgegebenen Formeln und Verbindungen ausbreitet.

DAS AUFBLITZEN IM AUGE

Weit zurück, zu Beginn der siebziger Jahre gewann die Archigram Gruppe einen großen Wettbewerb und mußte ein Haus mit Laden im Bezirk von Covent Garden in London mieten. Was sollte mit dem Laden geschehen? Wir verwandelten ihn in eine Galerie, genannt 'Ad-Hocs'. Es gab nur drei Ausstellungen, die erste davon war von Wolf Prix und Helmuth Swizinsky - den Jungs von Himmelblau". Es war unsere erste Erfahrung damit, eine Gast-Ausstellung zu nutzen, um unsere Freunde zu fördern und genauso wichtig ein Ansporn für uns selbst zu sein. Kurz darauf kam von Barbara Jakobsen in New York eine Einladung, 'einfach zwei oder drei kleine Zeichnungen' zu senden, damit sie 'einfach im Restaurant des Museums für Moderne Kunst aufgehängt' werden könnten. Mike Webb, Cedric Price und ich nahmen das wörtlich ... wir suchten in unserer Schublade nach etwas, das die dilettantischen Teetrinker von Manhatten so ganz am Rande reizen könnte. Erst als wir die AUSSTELLUNG sahen, erkannten wir daß unsere englische Nonchalance uns völlig irre geführt hatte ... die kommenden New York Five, die Argentines und andere ausgewählte, professionelle Paradekünstler hatten qroße, schöne, elegant gerahmte Ausstellungsstücke ... alle wohl plaziert. OK. Niemals wieder. Ausstellunyen mußten klar sein, gut plaziert, geschickt zusammengestellt, zeitgemäß, ausdrucksstark

.. eine wunderbare Lektion. Die Ad-Hocs Galerie verwandelte sich irgendwie in ART NET. (Die Anwesenheit eines Baumillionärs,der zu jener Zeit ein Kunstfanatiker war, verhalf ihr über sechs Jahre zu ihrer Existenz.) Art Net war in einem Lagerhaus untergebracht und bestand zu 75% aus Architektur. UnsereVorgehensweise sollte die in London Ansässigen mit aktiven Architekten von außerhalb konfrontieren. Die Berühmten mit den Aufsteigenden zu konfrontieren. Die ersten englischen Ausstellungen der Krier Brüder, der New York 5 oder Superstudio standen Ausstellungen von Bigas Luna, Will Alsop, Daniel Libeskind oder Gruppo Labarinto gegenüber ... keiner von ihnen war zu jener Zeit über den engeren Kreis hinaus bekannt. Für die Architektur-Menschen am Ort bedeutete dies harte Arbeit - trotz der Aktivitäten der nur zwei Straßenzüge entfernten Architectural Association. Die beiden Institutionen beutelten die armen 'Aufrechten' der Londoner Büros mit ihren asketischen Luxemburgern, wortgewaltigen New Yorkern, seltsamen Österreichern, Typen jenseits der bekannten Straße, die zeichnen konnten ... und wie sie das konnten ... einige von ihnen. (Wenn unser Millionär weiterhin an Kunst interessiert wäre, könnte das heute noch existieren.) Zwei Damen aus Berlin begannen Art Net zu besuchen und sprachen darüber, eine Galerie für Architektur zu eröffnen; unser gemeinsamer Freund Eduardo Paolozzi half uns allen auf die Sprünge. Namen wurden genannt, Klatsch machte die Runde und ein Jahr später war Aedes geboren. Es ist immer noch die unternehmungslustigste europäische Galerie, die sich selbst treu geblieben ist, und die Ausweitung ihrer Rolle ... eine Art Agentur für Aktion, wie auch ihre Ableger in Paris, Moskau und anderswo bleibt absolut überzeugend. In allerletzter Zeit haben Galerien für Architektur von sich reden gemacht, die in Oslo, München, Kopenhagen, Lissabon, Paris und Brisbane ... ja, in Brisbane ins Leben gerufen wurden. Gerüchte über Malmö, Aarhus, Hannover und Athen. Sie sind oft anfällig, öffnen und schließen je nach Kontostand des Sponsors, der Vaterfigur oder des Dreier-Team, das alles macht. In Oslo und Kopenhagen bildeten die Galerien „Rom" und „Skala" den Mittelpunkt intensiver Aktivitäten von wirklich jungen und wirklich wachen Architekten vor Ort, die sich über die lokalen Traditionen eines vorsichtigen, empfindlichen Modernismus hinwegsetzten. Beide haben vorübergehend aus Mangel an finanziellen Mitteln geschlossen ... doch werden sie wieder ihre Türen öffnen. In New York veranstaltet Max Protech große Ausstellungen von verkäuflicher Architektenarbeit und gleich um die Ecke befindet sich ein seltsamer (etwas aufgetakelter) dreieckiger Laden von 30 m Länge, 'Storefront' genannt. Auch hier findet sich wieder die Mischung aus 70% Architekten und 30% Künstlern ... aber, ähnlich wie in Skandinavien, ist es das Zentrum, wo wirklich junge Architekten mit unternehmungslustigeren Typen aus Los Angeles, London oder Mailand zusammentreffen können. Ein Aufblitzen im Auge des gelegentlichen Enthusiasten mag der Grund dafür sein, daß er oder sie sagen ... 'OK, wir werden es ausstellen ... selbst wenn nur drei Leute in dieser Stadt von dieser Arbeit gehört haben ... selbst wenn es nur zehn Leuten in der Stadt gefällt ... und vielleicht werden in zehn Jahren zweihundert Leute dieser Stadt behaupten, daß sie bei derEröffnung dabei waren'.

DAS ZEICHEN AUF DER KARTE

(DER AUGENBLICK IM ZEITLAUF - könnte es auch genannt werden)

Falls die behagliche Auffassung entstehen könnte, daß diese ganze Angelegenheit mit den Architektur Galerien ein sich selbst genügender Schlupfwinkel des Showbusiness' ist, sollten wir uns daran erinnern: ARCHITEKTUR IST EIN KAMPF. Im neunzehnten und zu Beginn des zwanzigsten Jahrhunderts mag es ein Kampf der Stilrichtungen gewesen sein, ein Kampf der Rationalisten gegen die Romantiker oder der Klassizisten gegen die Expressionisten und vor nicht allzu langer Zeit zwischen Modernisten und Anti-Modernisten. Doch der eigentliche Kampf findet zwischen jenen statt, denen Architektur ein Anliegen ist und solchen, die nur zuschauen (selbst wenn sie sich selbst Architekten nennen mögen). Die Idee der Fenster Galerie ... die Betonung liegt auf **FENSTER** ... (Fenster zum Hinausschauen und Hereinschauen) ... (Fenster zur Welt) ... etc. war ein Gegenmittel der Abtrünnigen und Freidenker gegen die eher vom Etablierten geprägte Rolle des D.A.M. Die Städelschule, schneller und lockerer als die Hochschule für Architektur in Darmstadt. Eher das internationale Netzwerk, als das des Rhein-Main Gebiets. Die Verbindung und Ergänzung zur Schule wird offensichtlich. Auch war es symbolisch, Neil Denari als ersten Aussteller auszuwählen: Jung. Neu. Zählte (zu der damaligen Zeit) nicht zum Freundeskreis Peter Cooks. Nicht deutsch oder englisch. Wie sich erwies, hat die Geschichte Denari zu einem der am meisten imitierten Architekten der Schulen in der nördlichen Hemisphäre werden lassen. Hinweise auf meine eigene Wahl anderer Aussteller gibt es durchaus ... auf einen frechen Architekten folgt ein zahmer. Eine schwierige Herausforderung von Aussteller zu Aussteller. Eine ständige Herausforderung für die Studenten (verbunden mit der Möglichkeit, von vielen Ausstellern als Gastlehrer zu profitieren). Ich glaube nicht, daß es zu arrogant ist, darauf zu verweisen, daß die Liste der Architekten bis zu einem gewissen Grad kreativ aus dem Rahmen fiel, vergleicht man sie mit der entsprechenden Liste von D.A.M. ... oder selbst Aedes ... in derselben Zeitspanne. Und wir können nicht vorhersagen, was der nächste Aussteller tatsächlich zeigen wird.

... Zumindest bleibt man auf diese Art und Weise wach.

Hugo Dworak

graduated Pratt Institute, New York (Michael Webb); established office in Dornbirn, Austria

Nicht für den fließenden Verkehr, sondern für den stadtflüchtenden New Yorker, nicht als Verbindung von Manhattan und Brooklyn, sondern als Verweil - und Bewegungs - plattform stellt sich die Brücke dar.

Sie gehört dem Fußgänger, der unter Wasser liegende Tunnel dem Verkehr und beide Bögen halten sich gegenseitig auf Distanz. Gelenkig gelagerte Tribünen und Stege auf verschiedenen Ebenen machen die Brücke zum Freilufttheater - Manhattan ist das Bühnenbild. Der Benutzer ist Schauspieler und Zuseher zugleich.

THE NEW WILLIAMS BRIDQE - N. Y.C. (OR THE NON - BRIDGE)

Not for the flowing traffic, but for the New Yorker fleeing the city; not as a link between Manhattan and Brooklyn, but as a platform for pausing and strolling - that is the design and purpose of the bridge. It belongs to the pedestrian, the tunnel under the water to the traffic and both arches keep their distance.

The bridge becomes an open-air theater through its swivel-mounted platforms and footbridges on different levels Manhattan is the backdrop. The user is actor and spectator at one and the same time.

Haus der Synthese

Getrennt durch einen Lichtraum und verbunden durch Brücken gehen ein rationaler, rechtwinkliger und ein geschwungener, organischer Baukörper eine Synthese ein. Maskuline und feminine Prinzipien durchdringen einander, sie bilden ein permanentes Spannungsverhältnis. Der orgainische Körper ist der Dienende, der rationale Körper ist der Bediente. Das Haus als Ausdruck des holistischen Weltbildes seiner Bewohner

House of Synthesis

(The Schizophrenic House)

Separated by light space and connected by bridges, a rational orthogonal structure and a vaulted organic one enter into synthesis. Masculine and feminine principles interpenetrate and create a constant tension. The organic body serves, the rational body is served. The house as expression of the holistic view of the cosmos held by its inhabitants.

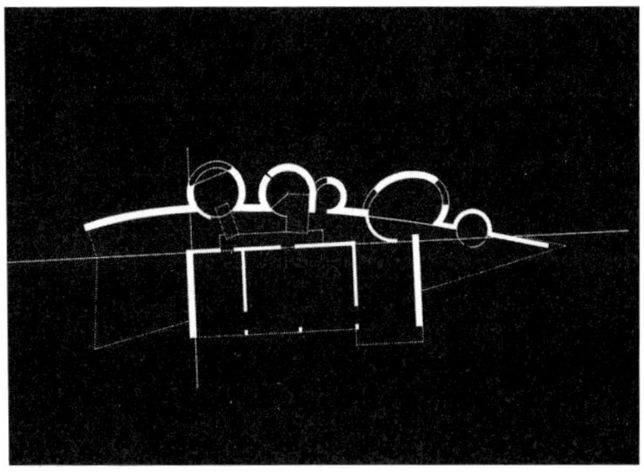

55-1 HAUS DER SYNTHESE

Masahiko Yendo

graduated Pratt Institute, New York (Lebbeus Woods); established

Yendo

Associates

Inc.

By the Thirteenth century, the ruling view of the universe was the Aristotelian cosmos. According to this view of the universe, the sky was made of closed concentric crystal spheres which rotated around a central earth and carried the stars and planets. These observations served as a basis for an overview of all existence. Architecture reflected this centralized and hierarchical order of the universe.

However, Galileo's telescope changed the Aristotelian universe. With the use of perspective geometry, nature was described in terms of a common standard of measurement: the man. As a result, the universe became open and infinite, functioning logically and mechanically like a giant clock. This mechanical view of the universe was further developed by Newton. By the Eighteenth century, architecture became an institution for the complex syntax of semantics. Perret's belief in the universal properties of classical architecture reflected the logical and mechanical attitudes of the time.

This absolute and timeless hierarchy of the universe was shattered by the discovery of the theory of relativity. In the past, people have held their own views on the way the universe works, whether based on myth or research. At any given time, the view they held was altered by changes in the current body of knowledge.

Today, we live according to the latest views on how the universe functions. This view influences our behavior and thought, just as previous views affected those who lived during those times. Like the people of the past, we believe we know the real truth. In my projects, I have attempted to define an appropriate architectonic expression of our time according to the latest theory of the quantum theory and the uncertainty principle.

Bis zum dreizehnten Jahrhundert war das aristotelische Weltbild die vorherrschende Auffassung vom Universum. Demnach bestand der Himmel aus geschlossenen, konzentrischen, kristallenen Himmelskörpern, die um die zentrale Erde kreisten und Sterne und Planeten trug. Diese Beobachtungen.. dienten als Grundlage für einen Überblick über alles Sein. Die Architektur spiegelte diese zentralisierte und hierarchische Ordnung des Universums wieder.
Galileo's Teleskop jedoch veränderte das aristotelische Universum. Mit dem Aufkommen der perspektivischen Geometrie wurde die Natur nach einem allgemein verbindlichen Maßstab beschrieben: dem Menschen. Als Ergebnis wurde das Universum offen, unendlich, seine logische und mechanische Funktionsweise glich einer gigantischen Uhr. Diese mechanische Auffassung vom Universum wurde von Newton weiterentwickelt. Im Laufe des achtzehnten Jahrhundert wurde die Architektur zu einer Institution für die komplexe Syntax der Semantik. Perrets Glaube an die universellen Eigenschaften klassischer Architektur spiegelte die logische und mechanische Haltung der Zeit wieder.
Diese absolute und zeitlose Hierarchie des Universums zerbrach mit der Entdeckung der Relativitätstheorie. In der Vergangenheit hatten die Menschen ihre eigenen Ansichten über die Funktionsweise des Universums, die entweder auf Mythen oder Forschung beruhten. Durch Veränderungen des jeweiligen Wissenstands wurde zu jeder gegebenen Zeit die bisherige Sichtweise durch eine andere abgelöst.
Heute leben wir gemäß der jetzt gültigen Auffassung über die Funktionsweise des Universums. Dieser Blickwinkel beeinflußt unser Verhalten und Denken, gerade so, wie frühere Sichtweisen auf diejenigen einwirkten, die damals lebten. Wie die Menschen in der Vergangenheit glauben wir, um die eigentliche Wahrheit zu wissen. In meinen Projekten habe ich versucht, einen angemessenen architektonischen Ausdruck unserer Zeit zu umreißen und mich dabei an den neuesten Thesen der Quantentheorie und dem Unschärfe-Lehrsatz orientiert.

56-1 TOWER OF REALITY

Ulrich Hinrichsmeyer

geboren in Aachen, Studium an der RWTH Aachen/Städelschule Frankfurt (Meisterschüler); lehrt in London; seit 1987

Die Grenzen überqueren

Shinkenchiku Residential Design Competition1989 <Wettbewerb für den Entwurf einer Wohnanlage>: Disprogramming <Entprogrammierung>

Die nächste Stadt

Die Trennung zwischen Wohngebiet, Produktionsstätte und Freizeitareal - eine wirklich modernistische Errungenschaft - ist überflüssig geworden. Mehrbereichsroboter und sauberere Fertigungsmethoden führen die Gesellschaft hin zu flexibler Spezialisierung. Die Dezentralisierung von Heim, Arbeit und Freizeit setzt ein.

Die Stadt urbaner Verwandlung

Los Angeles wächst. Eine Studie der archäologischen Schichten fördert ein räumliches Netz zutage, das ständig über die sich rasch ausweitende Metropole hinausgeht.

Die Stadt der Zukunft

Computer - gesteuerte Schienen - Systeme, die Auto und Zug verdrängen, sehen Sicherheitszonen für Wege sowie Spiel- und Sportplätze vor, definieren die Existenz von Freizeit neu. Roboter führen unermüdlich Handarbeit aus, gestalten die Freizeit um.

Unterirdisch arbeitende Roboter. Fabriken ersetzen die Industriebezirke, gewinnen wünschenswerte Räume zurück.

Die konstruierte Stadt

Das Umland von Los Angeles, das Gebiet, wo die funktionellen, massengefertigten Wohnungen für die weniger Wohlhabenden stehen, erhält Erholungsraum durch die Umgestaltung des alten Schnellstraßensystems und der Gebäude, die von der Massenproduktion übriggeblieben sind. Durch Dezentralisierung sind die leeren Flächen des städtischen Umlands offen für Umwandlung. Spontan Aufkommendes, Störungen und Unterbrechungen bringen ein pittoreskes Element hinein. Golfplätze, Sportplätze, Bäder, Rad- und Spazierwege und malerische Gärten entstehen überall.

Gleichzeitig unterlaufen die rechtwinklig geführten Schienen und Grundrisse der neuen unterirdischen Roboter-Fabriken die Bilderbuchordnung der reichen Vorstädte in den Hügeln. Aussparungen, welche die Untergrundbauten mit der Oberfläche verbinden, enthalten vertikale Schleifen, die durch Rotation die verschiedenen Verbrauchsgüter mit den vertikal installierten Roboter-Arbeitsstationen koppeln. Eine Kontrollstation schwebt über den Aussparungen, spürt auf und kartiert neue Bedürfnisse in der Stadt, ebenso wie sie die unterirdischen Produktionsprozesse kontrolliert.

Die simulierte Stadt

Für das Gebiet, das neben Paramount Pictures Studio und dem Friedhof von Hollywood liegt, beschreibt das Projekt die zukünftige Durchdringung durchschnittlicher Wohngebiete mit Freizeiteinrichtungen. Paramount simulierte Leben und machte den Tod realistisch. Der Friedhof von Hollywood brachte die Toten in einer malerischen Stadt en miniature unter, der formalen Idee von vorstädtischem Leben entsprechend. Die Geometrie und Mentalität benachbarter Ordnungen - simulierendes und simuliertes Leben - beschreiben auf verdichtete Weise die sich gegenüberstehenden Ordnungen von Los Angeles.

Der Gebäudekomplex des Paramount Pictures Studios, der nach dem Verschwinden der Massenproduktion von Träumen noch verblieben ist, schafft mit dem Friedhof von Hollywood eine Ordnung, in der Muße die Lebenden erweckt und die Toten wie- derbelebt. Die Stadt ist einbezogen.

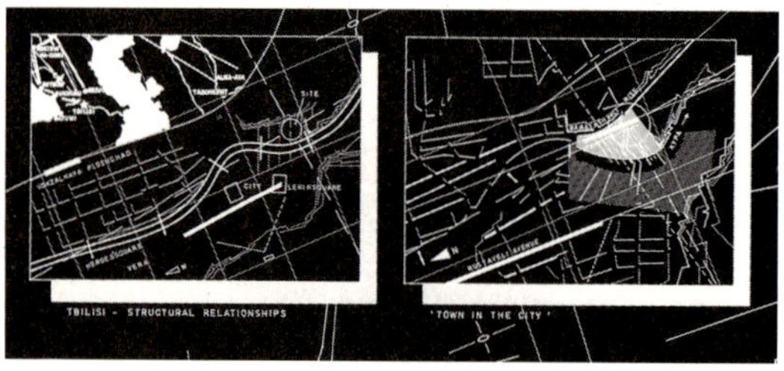

selbständiger Architekt in Düsseldorf

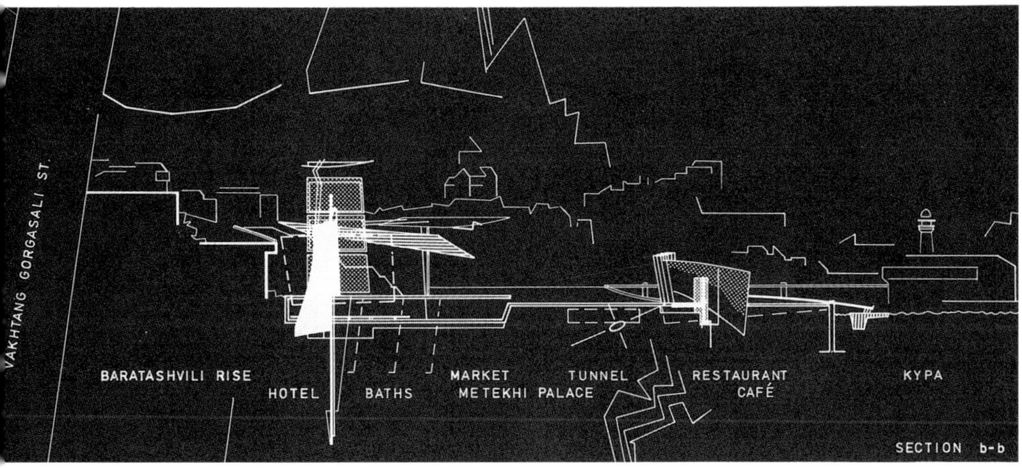

59

58

58-1 MEETS 2

59-1 EAST 3

Crossing the Boundaries

Shinkenchiku Residential Design Competition 1989:

The next city

The separation between housing, production facilities and leisure areas - a truly modernist achievement - has become superfluous. Multi-task robots and cleaner production methods introduce society to flexible specialisation. The decentralisation of home, work and play arrives.

The city of urban mutations

Los Angeles grows. A study of the archeological layers reveals a spatial web that constantly contaminates the rapidly expanding metropolis.

The future city

Computerized rail systems, replacing cars and trains, incorporate safe zones for tracks and playing fields
redefining the presence of leisure.
Robots tirelessly perform manual work
reconfiguring leisure time.
Underground robot facturies replace industrial quarters
recreating desirable spaces

The constructed city

The flatland of Los Angeles, the site of functional, mass-produced housing for the less affluent, receives leisure spaces through the transformation of the old highway system and the remaining stuctures of mass production. With decentralisation, the voids of the urban flatland are open to subversion. Spontaneous occurrences, disturbances and ruptures introduce the picturesque. Golf courses, workout spaces, pools, running and bicycle tracks, and picturesque gardens proliferate.

Simultaneously, the orthogonal rails and cults of the new underground robot factories subvert the picturesque order of the affluent suburbia in the hills. Voids connecting the underground structures with the surface carry vertical loops which connect through rotation the different consumer goods to the vertically installed robot stations. A control station hovers above the void, sensing and mapping new needs in the city as it controls the underground production process.

The simulated city

At the adjoining site of the Paramount Pictures studio and the Hollywood Cemetery, the project formulates the future contamination of the average housing area with leisure structures. Paramount simulated life, and introduced the death to reality. The Hollywood Cemetery distributed the dead in a miniature picturesque city, the formal inspiration of suburbia. The geometry and mentality of the neighboring orders - simulating and simulated life - describe in a compressed state the opposing orders of Los Angeles. The structure of Paramount Pictures studio, remaining after the mass-production of dreams disappears, creates with the Hollywood Cemetery an order in which leisure awakens the living and revives the dead. The city is touched.

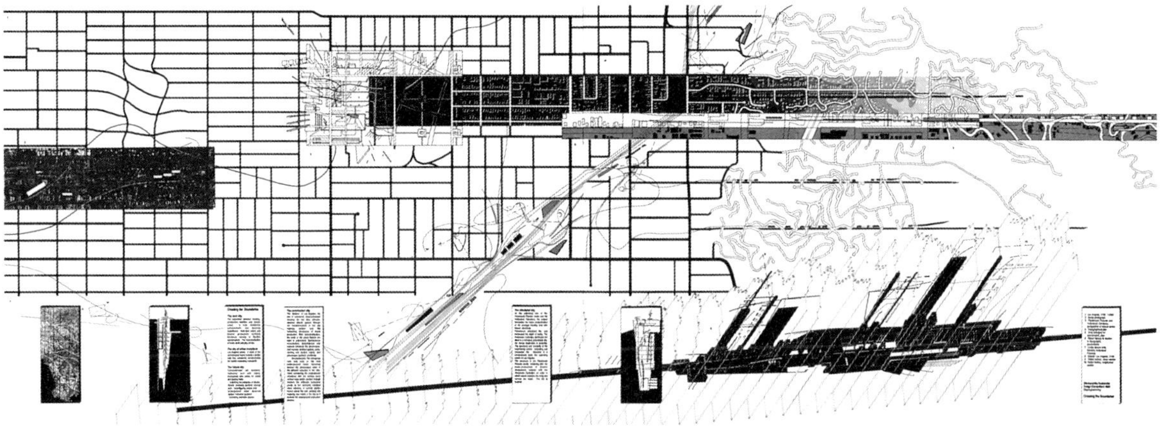

60

60-1 SHINKENCHIKU COMPETITION 1989

Martin Häusle / Klaus Bollinger

geboren in Feldkirch/Österreich; Studium an der TU Graz/Städelschule Frankfurt; seit 1987 eigenes Büro in Feldkirch

ILLSTEG IN FELDKIRCH, VORARLBERG

Projektbeschreibung

Die örtlichen Gegebenheiten und Bestimmungen führten beim vorliegenden Entwurf zu einer als räumliches Fachwerk aufgelösten Balkenbrücke. Die an den Auflagerpunkten aufgebockt über dem Boden schwebt und damit die Leichtigkeit und Eleganz einer Fußgänger- und Fahrradbrücke ausdrückt. Stadtseits verbinden drei rampenartig schräggestellte Betonplatten den Platz und die Brücke; sie fächern sich zu Stufen auf und bilden einen dreiseitig zugänglichen Brückenkopf. Im Bereich des Platzes wird zudem die Mauer durch ein Geländer ersetzt, der Blick hinab zum Fluß wird frei.

Statisches Konzept

Balkenbrücke, aufgelöst als räumliches Fachwerk.

Gehwegplatte, gleichzeitig Obergurt des Fachwerks als orthotrope Platte, bestehend aus zwei Blechlagen mit dazwischenliegendem Aussteifungsrost aus Rechteckhohlprofilen. Durch die Doppelfunktion der Platte und die Reduzierung auf die minimale statisch erforderliche Plattendicke ergibt sich eine optimale Ausnutzung des Materials. Untergurt und Diagonalen aus Rundrohren mit stumpfen Schweißanschlüssen an den Knoten.

Montage

Die Brücke wird in einem Stück vorgefertigt und mit Hilfe mehrerer Autokräne am Ort aufgesetzt und verankert.

Klaus Bollinger ist Tragwerksplaner in Frankfurt; Studium an der TH Darmstadt; Lehrtätigkeit an der Städelschule Frankfurt und Uni Dortmund

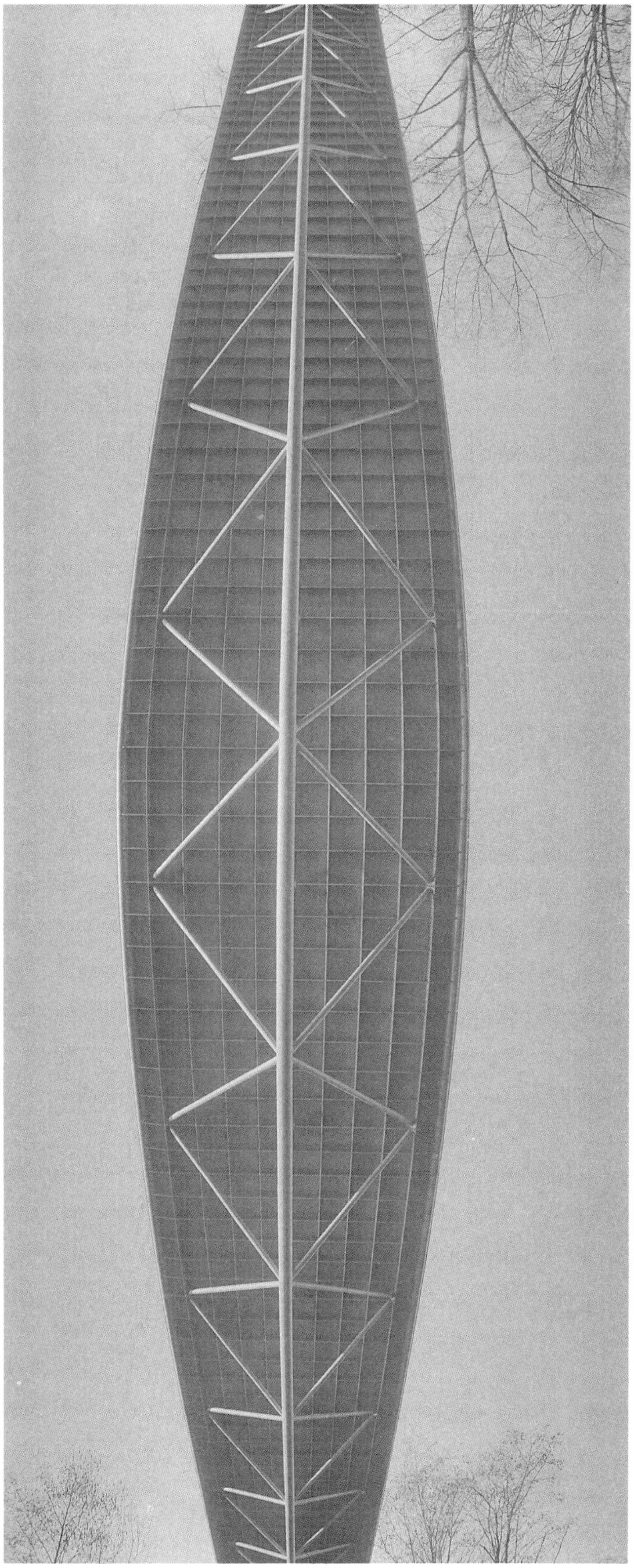

61

61-1 ILLSTEG

PROJECT DESCRIPTION:

In the present draft, the local conditions and regulations give rise to a continuous girder bridge as three-dimensional framework. Which - supported at the bearing points - floats above the ground and hereby manifests the lightness and elegance of a pedestrian or bicycle bridge.

On the city-side, three ramp-like inclined concrete slabs connect the town square and the bridge; they fan out to steps and form a bridgehead accessible from three sides.

In the area of the town square the wall will also be replaced by a railing, and the view down to the river will be unobstructed .

Structural concept

Continuous girder bridge as three-dimensional framework.

Walkway slabs, acting both as top bottom of the framework and as orthotrophic slab, consisting of two sheet metal layers with intermediate reinforcement grid of rectangular hollow sections. An optimal utilization of the material is achieved by the twin function of the slab and the reduction to the minimal statically required slab thickness.

Bottom boom and diagonals of circular tubes with butt welded connections on the joints.

Installation

The bridge is prefabricated in one piece, and is positioned and anchored in place on site with the aid of several mobile cranes.

62

63

62-1 MONTAGE

63-1 TRAGSYSTEM

Snohetta

Architektur und Landschaftsplanung, Oslo; Architekten: Craig Dykers, Alf Haukeland, Per Morten Josefson, Christoph Kapeller,

ALEXANDRIA LIBRARY

Opposite the Ras el Tin peninsula; site of the ancient lighthouse, rests the promontory of Silsileh. Here the Ptolemaic dynasty built their palace and a temple to the Godess Isis and possibly nearby the great Library of Alexandria. Today where these palacial gardens once stood, lies a vacant site at the junction of the East Harbor and the Mediterranean Sea.
Standing on this land, we sense the vastness of the culture and continent of Egypt and Africa. Looking north toward Europe, the full and round harbor fills the view and its smooth circular shore rolls past the peninsula resuming its curve once again along the Mediterranean. This sensuous line is fortified by a curtain of sea worshipping buildings. The new library will be here where two great curves of shore touch at the junction of an ancient penisula. Here where the sea walls and skyline part; overlooking a horizon of sand and sea.
At this place in Alexandria, certain images appear in our mind. These images of elements are the foundation of the new Library. They summarize the intentions of the building and can be used as a physical guide to understanding the object, its statement of space, its context and functions.

The Circle: The Plan evokes a disc which has been sheared at a western chord.

The Roof: Leaning toward the sea, a field rises from under the site.

The Tilting: The section protrays the ground plane rotating about a datum.

The Stepping: The library hall reveals itself as a cascade of terraced spaces.

The Bridge: Piercing the mass, an arrow and a wing connect divided space.

The Wall: Above the ground rises a cliff composed of enigmatic scripture

The most prominent characteristic of the building is its circular shape. Content in itself and exceeding itself equally, it does not act as part of the homogenous skyline along the corniche; a fact which accentuates the prominent object. Seen from above it proposes to the image of the sun.
The vital aspect of this space concept consists of shifting the building on ground level by tilting it into the ground. Therefore, it incorporates a reflection of the forces below the surface in mirroring them above the ground.
Cutting through the surface thus coincides with cutting through time. This assumes that time is defined by the rotation of the earth in its interplay with the sun, which is described by the horizon interacting with light, while the surface of the actual ground one walks upon represents the present. Thus the turning point at ground level marks the point at which present meets past and future.
The tilting motion of the building is elucidated through the curving exterior wall which moves and repeats itself in reverse by rotating inside-out when leaving the ground at the turning point datum. A positive-negative image is thus established which intensifies the initial impulse.
This image is resumed once more in the wall texture as the plane is tilted out of the present creating layers of time modelled on patterns emerging from nature. Here the layering is filled with scriptures carved in the stone. The wall, responding also to light and shade, becomes a positive-negative image itself. In surrounding the building with water, the ground plane corresponds to the sky by reflection.
A surface composed of rectangles completes the building upwardly. Due to this composition the emerging grid creates a complex screen covering the interior space. This solution transfoms traditional elevational aspects, making the roof screen the primary elevation of the building. The arising pattern is produced by solar sails installed at the ceiling, thus allows sunlight to diffuse into the interior space. The construction resembles a skin which resolves various acoustic, light and temperature concerns. Furthermore the roof operates as a connecting link allowing visual access to the exterior and vice versa. Although this coat´s - manner of presentation evokes a simple visual pattern, its structural process develops in three overlapping layers. The organization indicates the buildings interior and exterior structural procession, the positive-negative movement of the sreen's sun shade condition, and the representation of the complexity of information contained in the library.

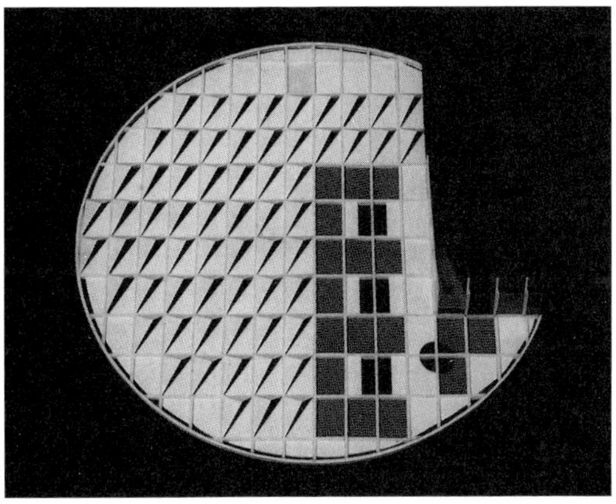

64

Whether associations are based upon individual experiences, cultural mentalities and backgrounds, intentions or locations, the space shall inspire, allow, receive, absorb, forward and direct them constructively and so become a vital binding element in space and time.

A highly prestigious building has risen. From1995 on, the Library will house one of the world's foremost collections of research materials and facilities becoming a new constructive agent to science, art and human culture. Developed as an autonomous public organization, its database will be connected with the world library network and its main Collection will house manuscripts ranging from Hellenistic, Egyptian and Islamic scriptures to modern interpretive literature. The new Library will open with approximately 200,000 volumes and is targeted to contain 4 to 5 million volumes by the end of this century. It is designed to accommodate up to 8 million volumes within its walls.

In addition to the collection, the Library will house a school for Information Science and various museums and public displays. These will be housed on ten floors with a total area of 70,000 square meters. The Library rises to 32 meters above ground. It´s prominence will create both an important institution as well as a primary attraction within the Mediterranean setting. The total construction cost will be $115 million. The total investment cost including library-specific equipment and initial book collections will amount to $152 million. The collection of this amount will be the culmination of an international effort. An effort that will enliven our vision of the past as well as the future.

It can be expected that the new Bibliotheca Alexandrina will bear a legacy that will reach as far into the future as its predecessor has provided to the past. An institution whose influence may span from the time of Alexander the Great, some two thousand years ago, to the present and beyond an additional two millenium.

This new Library can now set the stage for provocative debate and insight for generations to come. We now find ourselves in a period of cultural enlightenment in which we once again may revive the foundations of our ancestors. We can now realize a future united with the past.

64-1 ROOF STRUCTURE

BIBLIOTHEK VON ALEXANDRIA

Gegenüber der Halbinsel Ras el Tin, mit ihrem alten Leuchtturm, liegt die Landzunge von Silsileh. Hier erbaute sich die ptolemäische Dynastie ihren Palast und einen Tempel für die Göttin Isis; vermutlich in der Nähe die große Bibliothek von Alexandria. Diese einstige Palastanlage ist heute verlassenes Gelände; hier treffen Osthafen und Mittelmeer aufeinander. Stehen wir auf diesem Land, spüren wir etwas von der Unermeßlichkeit der Kultur und des Kontinents, von Ägypten und Afrika. Blicken wir gen Norden nach Europa, nimmt der volle und runde Hafen das Blickfeld ein und seine weiche, kreisformige Küstenlinie erstreckt sich längs der Halbinsel und nimmt die Kurve, am Mittelmeer entlang, wieder auf. Diese sinnliche Linie wird von seewärts ausgerichteten Gebäuden, die wie ein Vorhang wirken, befestigt. Die neue Bibliothek soll an dem Treffpunkt der zwei großen Küstenlinien der alten Halbinsel stehen. Hier trennen sich Deiche und Skyline, und wir überblicken Sand und See bis zum Horizont. An diesem Ort in Alexandria erscheinen bestimmte Bilder vor unserem geistigen Auge. Diese Vorstellungen von Bauelementen aus der Landschaft ergeben die Grundlage für die neue Bibliothek. Sie fassen die Zielsetzungen für das Gebäude zusammen und können als physischer Führer dienen, um das Objekt, seine Aussagekraft im Raum, seinen Kontext und seine Funktionen zu verstehen.

Der Kreis: Der Plan erinnert an eine Scheibe, die entlang ihrer westlichen Sehne abgeschnitten ist.
Das Dach: Von unterhalb des Baugrundniveaus erhebt sich ein Feld, das zur See hin geneigt ist.
Die Schräge: Der Teil gibt die Grundfläche wieder, um einen spezifischen Punkt gekippt.
Die Abstufung: Der Bibliothekssaal ist in einer Kaskade von Terrassen angelegt.
Die Brücke: Durchstößt die Masse, ein Pfeil und ein Flügel verbinden den geteilten Raum.
Die Mauer: Über den Boden erhebt sich ein Kliff, zusammengesetzt aus rätselhafter Schrift.

Das am meisten ins Auge fallende Merkmal des Gebäudes, ist seine runde Form. Es ist gleichermaßen in sich ruhend, wie über sich hinausgehend und wirkt nicht als Teil der homogenen Skyline entlang seines Simses, ein Faktum, welches das auffallende Objekt noch hervorhebt. Von oben her gesehen korrespondiert es mit dem Bild der Sonne. Der wesentliche Aspekt dieses Raumkonzepts besteht darin, das Gebäude in seiner Grundposition zu verlagern, indem es so geneigt wird, daß es in den Grund hineinreicht. Es schließt daher eine Widerspiegelung der Kräfte unter der Oberfläche mit ein, weil diese oberhalb des Baugrundes gespiegelt werden. So trifft der Schnitt durch die Oberfläche mit dem Schnitt durch die Zeit zusammen. Dies setzt voraus, daß Zeit durch die Drehung der Erde im Zusammenspiel mit der Sonne definiert wird, was dadurch beschrieben wird, daß der Horizont mit dem Licht im Wechselspiel steht, während die Oberfläche des tatsächlichen Bodens, auf dem man geht, die Gegenwart repräsentiert. Daher markiert der Drehpunkt auf der Grundebene den Punkt, an dem die Gegenwart die Vergangenheit und die Zukunft trifft. Die sich neigende Bewegung des Gebäudes wird durch die geschwungene äußere Mauer unterstrichen, die sich bewegt und sich in umgedrehter Reihenfolge wiederholt, indem sie sich von innen nach außen rotiert, wenn sie den Boden am Punkt, an dem sie gekippt wird, verläßt. Auf diese Weise entsteht ein positiv-negativ Bild, das den Ausgangsimpuls intensiviert.

Dieses Bild wird nochmal in der Beschaffenheit der Mauer aufgenommen, wo sich die Ebene aus der Gegenwart hinausneigt und Zeitschichten bildet nach den Mustern, die aus der Natur entstehen. Hier sind die Schichten mit in Stein geschnittenen Schriften bedeckt. Die Mauer, die auch auf Licht und Schatten reagiert, wird selbst zu einem positiv-negativ Bild. Dadurch, daß die Gebäude von Wasser umgeben sind, korrespondiert die Grundebene durch Widerspiegelung mit dem Himmel. Eine Oberfläche, die aus Vierecken zusammengesetzt ist, vervollständigt die Gebäude nach oben hin. Aufgrund dieser Komposition bewirkt das sich herausbildende Raster eine komplexe Haut, die den Innenraum bedeckt. Diese Lösung transformiert traditionelle Aspekte des Aufbaus; es macht aus der Dachabdeckung die erste Erhöhung des Gebäudes. Das sich bildende Muster wird durch Solarsegel an der Decke hervorgerufen. So ermöglicht sich, daß das Sonnenlicht sich im Innenraum verteilt. Die Konstruktion erinnert an eine Haut, welche die verschiedenen Anforderungen an Akustik, Licht und Temperatur löst. Des weiteren dient das Dach als Verbindungsglied, das visuellen Zugang zur Außenwelt und von außen nach innen ermöglicht. Obgleich diese mantelartige Präsentation ein einfaches visuelles Muster hervorruft, vollzieht sich die strukturelle Anordnung in drei sich überlappenden Schichten. Die funktionelle Gestaltung legt die innere und äußere strukturelle Anordnung des Gebäudes nahe, die positiv-negativ Bewegung der Vorrichtung für den Sonnenschutz der Dachabdeckung und die Darstellung der Komplexität an Information, die die Bibliothek beinhaltet.

Mögen Begegnungen auch auf individuellen Erfahrungen, kulturellen Mentalitäten und Lebensgeschichten, Vorhaben oder Orten beruhen, die Anlage sollte konstruktiv dazu inspirieren, sie ermöglichen, ihnen Raum bieten, sie aufnehmen, fördern, führen und auf diese Weise zu einem lebenswichtigen Bindeglied in Raum und Zeit werden. Ein Gebäude von großem Prestige ist entstanden. Ab 1995 wird die Bibliothek eine der einzigartigsten Sammlungen der Welt an Forschungsmaterialien und einrichtungen beherbergen und damit eine produktive Funktion für Wissenschaft, Kunst und menschliche Kultur übernehmen. Konzipiert als eigenständige öffentliche Einrichtung wird ihre Datenbank mit dem weltweiten Bibliotheksnetz verbunden sein und ihre Hauptsammlung wird Manuskripte umfassen, die von hellenistischen, ägyptischen und islamischen Schriften bis zu modernen Literaturauswertungen reichen. Die neue Bibliothek wird bei ihrer Eröffnung einen Bestand von ca. 200.000 Bänden haben, und es ist das erklärte Ziel, bis zum Ende dieses Jahrhunderts 4 bis 5 Millionen Bände aufzunehmen. Der Entwurf sieht vor, daß bis zu 8 Millionen Bände in ihren Mauern untergebracht werden können. In der Bibliothek wird es zusätzlich zur Sammlung, neben einer Schule für Informationswissenschaft, verschiedene Museen und öffentliche Ausstellungen geben. Sie finden ihren Platz in zehn Etagen mit einer Gesamtfläche von 70.000 Quadratmetern. Die Bibliothek ist 32 Meter hoch. Ihre Exponiertheit wird sie zum einen zu einer wichtigen Institution werden lassen, zum anderen wird sie zu einem Anziehungspunkt ersten Ranges im Mittelmeerraum werden. Die Gesamtbaukosten belaufen sich auf 115 Millionen Dollar. Die gesamten Investitionskosten einschließlich bibliotheksspezifischer Ausstattung und einem Grundstock der Buchsammlungen liegen bei 152 Millionen Dollar. Diesen Betrag aufzubringen, wird der Kulminationspunkt einer internationalen Anstrengung sein. Eine Anstrengung, die sowohl unsere Vision der Vergangenheit wie auch der Zukunft beleben wird. Es ist zu erwarten, daß die neue *Bibliotheca Alexandrina* ein Vermächtnis trägt, das so weit in die Zukunft reicht, wie das ihrer Vorgängerin für die Vergangenheit bedeutsam war. Eine Institution, deren Einfluß den Zeitraum von Alexander dem Großen, vor etwa zwei Jahrtausenden, über die Gegenwart bis weit in die Zukunft, d. h. noch einmal zwei Jahrtausende, umspannen wird. Diese neue Bibliothek kann das Forum für bahnbrechende Debatten werden, den Horizont zukünftiger Generationen erweitern und ihnen Einsicht ermöglichen. Wir leben zur Zeit in einer Epoche kultureller Aufgeklärtheit, in der wir wieder einmal grundlegendes Wissen und Erfahrungen unserer Vorfahren aufleben lassen könnten. Eine Zukunft vereint mit der Vergangenheit können wir jetzt verwirklichen.

65

65-1 BIBLIOTHEK ALEXANDRIA GESAMTANLAGE

Dieter Bartetzko

Window onto chaos - A special Frankfurt architectural gallery

To which realm does architecture belong: art or use ? Is it art or craft to build or design architecture ? To avoid resorting once again to hackneyed platitudes regarding hen and egg, two authorities are quoted whose judgement renders such questions superfluous. Raszimir Brandys: „Architecture does not warn by way of compelling prognosis but by the state of things as they are." Walter Benjamin: „... Habit ... Concerning architecture the latter largely determines even optical reception. By its very nature, it occurs far less as attentive awareness than as passing notice." Both authors imply that architecture is more than mere functional use. They take for granted that it is an artefact, (artistically) formed, thus representing the concepts of those who commissioned, designed and built it. Concepts, in turn, to be deciphered by viewers and users alike.

Since summer 1990, a sequence of facades in Frankfurt's Braubachstrasse has been new proof of this implied thesis of building as endowed with meaning (and therefore art). These buildings are works of the twenties when the last gaps of the old town boulevard were filled, a collection of historicist samples, a subtle blending of Bauhaus elements and rudimentary quotations of past epochs. Since summer 1990 two fronts have carried Walter Benjamin's observation (quoted above) in turquoise neon-lettering. Pedestrians, so used to scanning our world (of buildings) dominated by writing, as they hasten past, read Benjamin's sentences „in passing". Thereupon, quite a few start to fixate the facades; after closer inspection, some may guess or even recognize the intention of their builders, become aware of the well balanced proportions, the fragile equilibrium between a sense of tradition and venturing into modernity which characterize the buildings as witnesses of their time and of the society which built them.

Let us consider for a moment Walter Benjamin's architectural theory. Elsewhere he has written of other and possibly more important aspects of the effect and meaning of buildings. He has spoken of experiencing buildings in a tactile or haptic way. The dictator Hitler, that most infamous builder and subsequent destroyer of Germany, knew better than most in our century that this is the case and that architecture can thereby evoke or bring about emotions in men. „We are dependent on the rooms in which we live and work." Thus Hitler during one of his table talks on his and his vassals' gigantic building programmes.

It was not by chance that Nazi propaganda, foremost Hitler himself, valued highly the erecting of monumental buildings, squares, monuments and signs of grandeur. Without further reflection, which made it even more enduring, the German population perceived them as documents, or rather as seeming proof, of the alleged grandeur and power of the Third Reich and themselves; in their haptic and tactile experiencing of them, they were abandoned to the suggestiveness of these well contrived buildings. Imperceptibly and intensively they received the message that the individual was nothing but the mass of the so-called national comrades or the leader himself was all; willingness to die or to sacrifice, unquestioning obedience, conceit and ignorance of the Nazi Germans were not the cause but rather the results of the stimulation brought about by this architecture.

Enough of the preliminaries. Since the turning of the architectural brutalism and levelling of the seventies to the craving of postmodernism for art in building (at the latest), architecture has been recognized (again) in its dual nature of use and art, of utility and signifier. This change was not accompanied by an increase in the general interest in building, designing, altering, restoring, or creating architecture. It merely finally retrieved its way back to public discussion. Various institutions - among them museums, building authorities, galleries, citizens' initiatives, and political parties offer a forum for these debates.

The past decade has shown, however, that re-consideration and interest alone do not guarantee adequate dealing with the phenomenon of architecture. Self-reference, speculative interests of individuals or some building companies disguised in formulas of architectural aesthetics and indiscriminate enthusiasm are often not marginal but form the centre of these architectural debates, exhibitions, and presentations.

In Frankfurt, the Städelschule has always successfully resisted such tendencies. **"Galerie FENSTER"** <Window> is one of its best attempts to counteract superficiality and a mania for trendiness in building.

Its very location seems programmatic. It was opened in a kind of urban backyard, close to and yet remote from the tourist attraction, the Römerberg, rather than in the much frequented district of galleries between Braubachstrasse and Fahrgasse. An almost minuscule room hidden behind an arcade, no obtrusive signs. Only a large window attracts attention - should one accidentally pass by.

The name, too, can be interpreted programmatically. After all and more than once, the exhibition programme up to now has opened windows for a public (in terms of numbers not overwhelming) and directed it towards new, inspiring and unusual architecture. Its guideline: to represent as conflict, and not gloss over, the ambivalence of art and craft, function and fiction.

The organizers don't make things easy for their visitors. Experimenting continously, experiments are presented without hesitation. To say it amiably: the gallery opens the view onto the chaos of ideas, the oscillating of architecture and architects between obligation and freedom, castles in the air and commissioned buildings, free and applied arts. All this quite often to the complete confusion of their visitors, rendering them helpless as well as animating them as they confront the enigmatic formations of lines and hatchings, three dimensional or plane structures.

Or are all of these no longer experiments but tried and tested titillations necessary for the architecture scene? At what point are radical architectural form, presentation, and liberal renunciation of explanations reversed to become esoteric self aggrandizement? Sometimes one gets angry in the gallery when one is fascinated by breathtaking drawings, metal-structures and effects of light, but is refused any hint as to their possible function and future use - beyond their fascination in the gallery. Sometimes the window-panes of the imaginary window onto the creative chaos of architecure are impenetrable as frosted glass. It is difficult to decide whether this is a necessary consequence of artistic work or mere - unintentional? - arrogance.

However this may be, „Window" provokes. And it does not provoke via banality or mediocrity as is so often the case in present-day building. What more could one wish for? In1919 Hans Poelzig wrote: „Architecture is the product of a people's psychic tuning." Uncompromising, „Window" disregards the people's tuning. This probably increases the chances of tracing the psychic tuning of a society or an era.

Architecture needs more than only one **"Galerie FENSTER"**; it is too significant to be noticed only in passing.

FENSTER ZUM CHAOS - EINE BESONDERE FRANKFURTER ARCHITEKTUR-GALERIE

Welchem Gebiet gehört Architektur an, der Kunst oder dem Nutzen? Übt, wer Architektur baut oder entwirft, eine Kunst oder ein Handwerk aus? Ehe nun die Platitüde der Frage nach Henne und Ei erneut strapaziert wird, seien zwei Autoritäten zitiert, deren Urteile dergleichen Fragen überflüssig machen.

Kaszimir Brandys: : "Architektur warnt nicht durch drängende Prognosen, sondern durch den Stand der Dinge".

Walter Benjamin: "...Gewohnheit...Der Architektur gegenüber bestimmt diese letztere weitgehend sogar die optische Rezeption. Auch sie findet von Hause aus viel weniger in einem gespannten Aufmerken als in einem beiläufigen Bemerken statt."

Beide Autoren unterstellen stillschweigend der Architektur mehr als ein bloßes Zweckdasein. Sie gehen davon aus, daß sie Artefakt ist, (künstlerisch) gestaltet und somit Vorstellungen dessen enthält, der sie in Auftrag gegeben, entworfen und gebaut hat. Vorstellungen wiederum, die Betrachter und Benutzer gegebenenfalls entschlüsseln.

Einen aktuellen Beweis dieser von beiden zwischen den Zeilen vertretenen These vom Bauwerk als Bedeutungsträger (und somit Kunstwerk) liefert seit dem Sommer 1990 eine Fassadenfolge der Frankfurter Braubachstraße. An zwei Fronten -Werken der zwanziger Jahre, während derer man die letzten Baulücken des als historistische Mustersammlung entstandenen Altstadtboulevards in einer subtilen Mischung aus Bauhausformen und rudimentierten Zitaten der vorangegangenen Stilepochen füllte- ist seit dem Sommer 1990 Walter Benjamins eben zitierte Beobachtung in türkiser Neonschrift angebracht. Passanten, in unserer von Schriftbildern dominierten (Bau-)Welt an Lektüre im Vorüberhasten gewohnt, lesen Benjamins Sätze"beiläufig". Nicht wenige beginnen daraufhin die Fassaden zu fixieren; einige erkennen womöglich, oder ahnen in ihnen, nach näherem Betrachten die Absichten der damaligen Erbauer, werden aufmerksam auf die ausgewogenen Proportionen, das fragile Gleichgewicht zwischen Traditionsbewußtsein und Aufbruch in die Moderne, von dem die Bauwerke - als Zeugnisse ihrer Zeit und der Gesellschaft, die sie errichtet hat - geprägt sind.

Bleiben wir einen Moment noch bei Walter Benjamins Architektur-Theorie. An anderer Stelle hat er sich zu weiteren - möglicherweise bedeutenderen - Aspekten der Wirkungsweise und Aussagekraft von Bau-werken geäußert. Er sprach vom taktilen beziehungsweise vom haptischen Erleben von Gebäuden. Daß dies so ist und was hierdurch Architektur in Menschen auslöst oder in ihnen anrichten kann, wußten in unserem Jahrhundert wenige so gut wie der berüchtigtste Baumeister und anschließende Zerstörer Deutschlands, der Diktator Hitler. "Wir sind abhängig von den Räumen, in denen wir leben und arbeiten." So Hitler während eines Tischgesprächs über seine und seiner Vasallen gigantische Bauprogramme.

Nicht von ungefähr legte die nazistische Propaganda - allen voran Hitler selbst - ungeheuren Wert auf das Errichten monumentaler Bauwerke,Platzanlagen, Denkmäler und Hoheitszeichen. Beiläufig - und damit umso nachhaltiger - nahmen in ihnen die Deutschen Dokumente -respektive Scheinbeweise - der angeblichen Größe und Macht des Dritten Reiches und ihrer selbst wahr; im haptischen beziehunsgweise taktilen Erleben wiederum waren sie der Suggestion dieser ausgeklügelt angelegten Bauwerke ausgeliefert. Ihnen wurde unmerklich aber eindringlich mitgeteilt, daß der

Einzelne nichts, die Masse der sogenannten Volksgenossen oder aber der Führer alles sei; Todes- und Opferbereitschaft, Kadavergehorsam, Dünkel und Ignoranz der Nazi-Deutschen waren zwar nicht ursächlich, wohl aber auch Ergebnisse der Stimulation durch Bau-Kunst. Genug der Vorreden. Spätestens seit der Wende vom architektonischen Brutalismus und Nivellismus der 70er Jahre zur Baukunst-Sucht der Postmoderne ist Architektur als Doppelwesen aus Zweck und Kunst, Gebrauchsgegenstand und Bedeutungsträger (wieder)erkannt. Mit dieser Wende stieg das allgemeine Interesse am Bauen, am Entwerfen und Verändern, Restaurieren oder Neuschaffen von Architektur nicht an.Es fand lediglich und endlich seinen Weg zurück in die öffentliche Diskussion. Foren für diesbezügliche Erörterungen stellen ihr verschiedene Institutionen-Museen, Bauämter und Galerien, Bürgerinitiativen und Parteien.

Daß Rückbesinnung und Interesse allein keinen sinnvollen Umgang mit dem Phänomen der Baukunst gewährleisten, hat das vergangenen Jahrzehnt gezeigt; Selbstbespiegelung, hinter bauästhetischen Formeln verborgene spekulative Interessen Einzelner oder einiger Baukonzerne, distanzlose Begeisterung für alles architektonisch Bildhafte und Abwechslungsreiche stellten und (stellen) oft nicht Randerscheinung, sondern das Zentrum der Debatten, der Ausstellungen und Präsentationen von Architektur dar.

In Frankfurt stemmte sich die Städelschule schon immer mit Erfolg gegen solche Tendenzen. Einer ihrer besten Versuche, Oberflächlichkeit und Trendsucht im Bauen gegenzusteuern, ist die **"Galerie FENSTER".**

Schon die Plazierung scheint programmatisch - nicht im hochfrequentierten Galerienviertel zwischen Braubachstraße und Fahrgasse, sondern in einer Art städtischen Hinterhofs, nahe und doch abseits vom Touristen - attraktiven Römerberg wurde sie eröffnet. Ein fast winziger Raum hinter einer versteckenden Arkade, keine dominanten Hinweisschilder. Einzig ein großes Schaufenster weckt -falls man zufällig hier vorbeikommt - Aufmerksamkeit.

Auch der Name kann programmatisch verstanden werden. Schließlich hat das bisherige Ausstellungsprogramm mehr als einmal einer (zahlenmäßig allerdings verschwindenden) Öffentlichkeit Fenster in Richtung neuer, anregender und ungewöhnlicher Architektur aufgetan. Das Grundprinzip hierbei: die Ambivalenz zwischen Kunst und Handwerk, Funktion und Fiktion nicht zu beschönigen, sondern als Konflikt darzustellen.

Leicht machen die Betreiber es ihrem Publikum nicht. Es wird fortwährend experimentiert, werden ohne Zögern Experimente vorgestellt. Wohlwollend formuliert: Die Galerie öffnet den Blick auf das Chaos der Ideen, das Changieren der Baukunst und ihrer Betreiber zwischen Bindung und Freiheit, Luftschloss und Auftragsbau, freier und angewandter Kunst. Und dies häufig bis zur totalen Verwirrung der Besucher, die gleichermaßen hilflos wie animiert vor Rätselgebilden aus Linien und Schraffuren, dreidimensionalen und flächigen Konstrukten stehen.

Oder sind dies alles längst keine Experimente mehr, sondern bewährte Nervenkitzelei, derer die Architektur - Szene bedarf? Wann verkehrt Radikalität der architektonischen Form, der Präsentation und und des liberalen Verzichts auf Erläuterung, in esotherische Selbstbeweihräucherung? Man wird ärgerlich zuweilen in der Galerie, wenn atemberaubende Zeichnungen, Metallgebilde und Lichteffekte einen zwar faszinieren, aber jeden Hinweis verweigern, wozu sie dienen könnten, welche Zukunft -über die des Galerie-Faszinosums hinaus- ihnen zugedacht ist. Manchmal also sind die Scheiben des imaginären Fensters zum schöpferischen Chaos der Baukunst undurchdringlich wie Milchglas; ob um der Konsequenz künstlerischer Arbeit willen oder nur aus -unwillentlicher? - Arroganz ist schwer zu unterscheiden.

Gleichviel. Das **"FENSTER"** provoziert. Und es provoziert nicht, wie im gegenwärtigen Bauen so oft, durch Banalität oder Mittelmaß. Was wäre mehr zu wünschen?

"Die Architektur", so schrieb 1919 Hans Poelzig "ist das Produkt der seelischen Grundstimmung eines Volkes". Über Volksstimmungen setzt sich **"FENSTER"** strikt hinweg. Damit wächst vermutlich die Chance, den seelischen Grundstimmungen einer Gesellschaft oder Epoche auf die Spur zu kommen. Architektur braucht mehr als nur die eine

" Galerie FENSTER ", sie ist zu bedeutsam, um nur beiläufig wahrgenommen zu werden.

Thom Mayne: geb. in Waterburg, Connecticut; Studium an der Harvard Universität, Cambridge, Massachusett und der UCLA;

C H I B A · P R E F E C T U R E · G O L F · C L U B

Die anhaltende Umweltdiskussion hat ihren Ursprung in der uralten Spaltung: Mensch contra Natur. Bisher haben wir versucht, den Widerspruch durch eine Reihe von Kompromissen zu „lösen" - entweder durch Entfernen großer Teile von Wildnis im Zustand vermeintlicher Unberührtheit, oder durch Beschneidung der Art und Weise, in welcher Menschen die vermeintliche Wildheit der Natur zähmen. Wir müssen beginnen, über Mensch **UND** Natur zu sprechen, statt über Mensch **CONTRA** Natur. Was sehen wir, wenn wir in einen Wald schauen? Bauholz? Oder unseres Planeten Sauerstoffgerät?

Das Chiba-Projekt beschäftigt sich mit dem Zusammenspiel unserer Architektur, die eine Diskussion zwischen dem künstlich Geschaffenen und der natürlichen Landschaft hervorruft. Es ist ein Projekt, das versucht, die Trennlinien zwischen dem künstlich Geschaffenen und dem Natürlichen niederzureißen oder schlechtestenfalls sie zu verwischen, indem es eine Strategie entwickelt, die eine Bauplatzuntersuchung an eine architektonische Sprache bindet.

Das Hauptaugenmerk richtet sich auf die Gesamtheit des Physischen und bezieht alle Sinne ein, indem es eine Architektur schafft, die bemüht ist, natürliche Umweltabläufe durch sich selbst offensichtlich werden zu lassen und mit jedermanns täglichem Leben in Verbindung zu bringen. Das Werk wird als Meßinstrument wahrgenommen, als Ergebnis des Wissens, das befähigt Raum und Zeit zu organisieren. Das ganze Programm, mit seiner Betonung des SPIELS <Golf>, behandelt die Bewegungsabläufe, den Rhythmus des Gehens, den Bogen eines Armes in vollem

Schwung, die Art und Reihenfolge von physischen Räumen, die Aussagekraft und Vielfältigkeit des Ortes und die dynamische und verbindende Art einer komplexen Organisation.

Das Gebäude kommentiert die Bodenoberfläche (daher ihre Ausrichtung auf die Charakteristika der Gebäudeteile) und wirkt auf die Bewegung in der Landschaft sowohl durch das Auto als auch durch den Fußgänger. Das Kernstück ist aus vier Elementen aufgebaut; das Segment einer geschwungenen Mauer, die Anfahrtsraum (Auto) schafft, eine lineare Sequenz unterschiedlicher

Rauminhalte, welche den größten Teil der Sportstätte beherbergt, eine zweite kreisförmige Mauer, welche den größten Teil des Grundstückes umfaßt und den Zugang zu den Plätzen ermöglicht, sowie einen Pavillion, der Speise-, Gesellschafts- und Sozialräume enthält. Die Gestaltung der zwei geschwungenen Mauern unterstreicht die eher statischen und schlichten Innenräume, welche in ihrem Charakter auf sich selbst bezogen und kontemplativ sind. Der Pavillion steht frei im Raum und außerhalb der Grenzen der Umfassungsmauern, erlaubt dem Betrachter die Weite und

Ausgedehntheit der natürlichen Umgebung wahrzunehmen. Die gestaltete oder gebaute Umwelt sucht mehr als nur den"Kompromiss" mit der Natur. Wir strebten eine Architektur an, die zur Diskussion zwischen Mensch und Natur statt **„Mensch contra Natur"** beitragen kann.

66-1 CHIBA SERIGRAPH

CHIBA GOLF CLUB

JAPAN, 1988 - 1992

The ongoing conversation about the environment is grounded in the ancient dichotomy of man versus nature. So far we have sought to re-solve the argument through a series of truces; either sequestering large traces of wilderness in a state of imagined innocence, or limiting the ways in which man can domesticate nature's imagined savagery. We must begin to talk about man and nature, not man versus nature. What do we see when we look into a forest? Lumber? Our planet's breathing apparatus?

The Chiba Project, which is under construction now, concerns itself with the interaction of our architecture - which establishes a discussion about the man-made - and the natural landscape. It's a project which attempts to break down or blur the demarcations between the man-made and the natural by developing a strategy which links a site investigation to an architectural language. The focus is directed to the whole of the physical and draws on all senses, producing an architecture which is engaged in making natural environmental processes self-evident and connected to one's day-to-day life. The work is perceived as an instrument of measure, a sum of knowledge capable of organizing space and time. The entire program with it's emphasis on the game (golf) is about movement, the rhythm of walking, the arc of an arm in full swing, the nature and sequence of physical spaces, the narrative and diversity of place, and the dynamic and connective nature of a complex organization.

The building is about the land's surface - hence it's orientation to the building's sectional characteristics as it affects movement both via the automobile and via the pedestrian. The basic Parti is made up of four elements; a segment of a curved wall which produces a space for arrival (automobile), a lineal sequence of alternating volumes which accommodates a majority of the program, a second circular wall which embraces the larger site and facilitates movement to the grounds, and a pavilion which contains space for dining and social events. The configuration of the two curved walls holds the more static and platonic inner spaces which are introspective and contemplative in character. The Pavilion piece is in the air and outside the limits of the bounding walls allowing the observer to perceive the vastness and expansiveness of the natural setting.

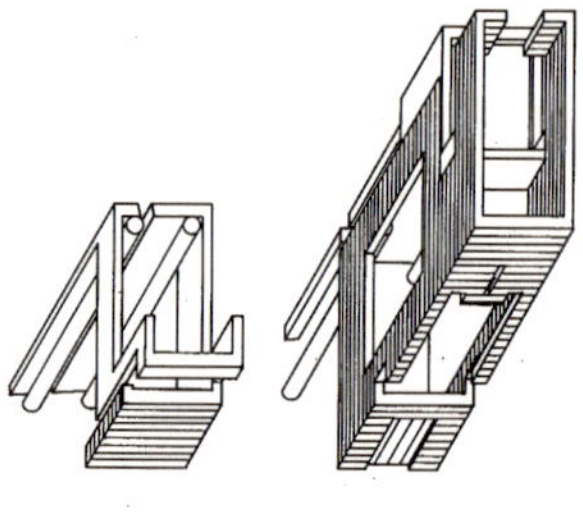

The realized or built environment seeks more than just a truce with nature. We have aspired to create an architecture which can contribute to the man and nature rather than the man versus nature conversation.

68

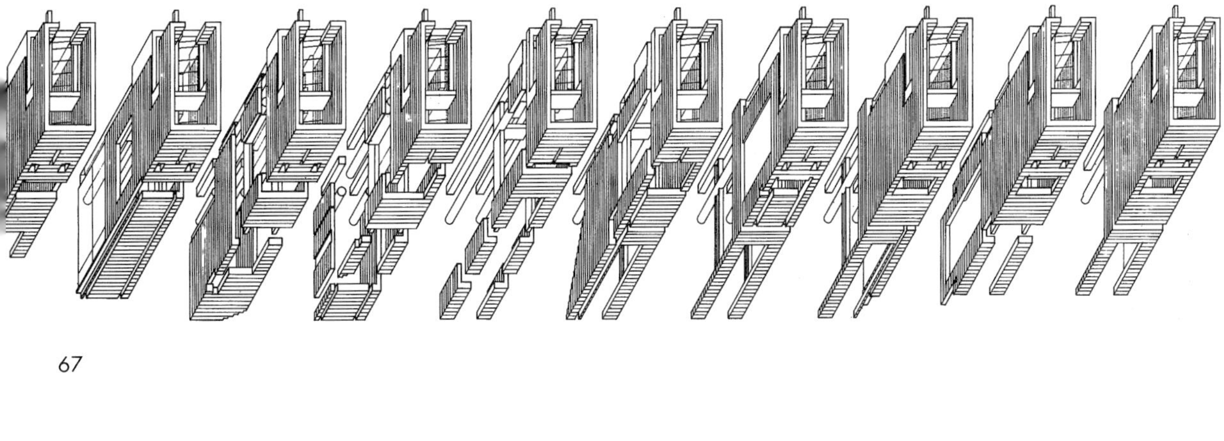

67

67-1 CHIBA LIGHT MONITOR AXONOMETRIC

68-2 INSTALLATION

Christian Hasucha

geb. in Berlin; Kunststudium an der HdK Berlin; 1980 Meisterschüler; 1984 - 1988 Lehrauftrag HdK Berlin; 1988 Umzug nach

Öffentliche Interventionen

Ereignisse | **Stadt - Implantate** | **Attributive Plastik**

CHRISTIAN HASUCHA * Sülzburgstraße 21 * 5000 Köln 41 * Tel.: 0221/443786

☐ Zur Kenntnisnahme, Rückgabe nicht erforderlich
☒ Um Antwort wird gebeten
☐ Mit Bitte um Weitergabe

An den Magistrat
der Stadt Frankfurt am Main

Stadtverwaltung (Amt 41)

Postfach 10 21 21

6000 Fankfurt am Main

den 15.8.90

Projekt No.: 13 a   Ort : Platz der Republik, Frankfurt/M.   Zeit : 26.9. - 26.10.90

Betreff: HERR INDIVIDUAL GEHT - eine exponierte Begebenheit

Sehr geehrte Damen und Herren,

im Rahmen der Projektreihe ÖFFENTLICHE INTERVENTIONEN (Ereignisse - Stadt-Implantate - Attributive Plastik) soll vom 26. 9. - 26. 10. 1990 das Arrangement 'HERR INDIVIDUAL GEHT' realisiert werden. Wesentlicher Bestandteil ist ein ca. 2,40 m hoher Sockel, in dessen oberes Ende ein kurzes Laufband eingebaut ist, angetrieben durch einen starken Elektromotor. Auf diesem Laufband geht ein normal gekleideter Mann in zügigem Schritt-Tempo, einen alltäglichen Gegenstand in der Hand.

Die 2-stündige Aktion soll täglich während der Hauptverkehrszeit stattfinden.

Wir bitten um Genehmigung der Installation und der Inbetriebnahme des Sockels während des o.g. Zeitraumes auf dem Platz der Republik (s. Lageplan, markierte Stelle).

Mit freundlichen Grüßen

Christian Hasucha

BEREITS REALISIERTE PROJEKTE

		Kurzbeschreibung	unterstützt von :
1.	Die Raketen von Budapest....	Installationen in den Straßen von Budapest, 1981..............	Senator f. Kult. Angel., Berlin; Feszek-Galeria, Budapest
2.	If London flooded tomorrow..	Manipulierte Pfützen in London S.E., 1982........................	DAAD, Goethe-Institut, London
3.	Roma - Omar - Amor.........	Collagen mit Urnengräber-Fronttafeln, Rom 1983.............	Galerie Skulima (Photo-Edition)
4.	Radio....................................	Beschallung eines Kreuzberger Hinterhofes, 1984...............	Internationale Bauausstellung Berlin (IBA)
5.	Passagen...............................	Montagen auf schwimmender Plattform, Amsterdam 1985..	Bruna Esposito, Galerie Makkom, Amsterdam
6.	Baum.....................................	Wiesengestaltung, Lindau; Hofbepflanzung, Bln. 1986..........	Art-Stiftung Plaas, Lindau; Projekt Schinkestraße
7.	Fußgängerbrücke..................	Eine rudimentäre Konstruktion, Berlin 1987........................	Die Anweisung; Sen. f. Kult. Angel., 750-Jahr-Feier, Berlin
8.	Herr Individual geht..............	Eine exponierte Begebenheit, Berlin/Köln 1987....................	Die Anweisung, Sen. f. Kult. Angel., Bln; Kunsthalle Köln
9.	Gestern..................................	Stereoskopische Installation, Berlin 1988............................	Ruine der Künste; Werkstatt Berlin, Kulturstadt Europas
10.	Zuhause.................................	Attributives Architekturfragment, Köln 1989........................	Galerie Koppelmann
11.	Jetzt......................................	Markierungen urbaner Zeitpunkte, Köln	Kulturamt Köln, Stahl-Dittmer
12.	System B	Korrektur alltäglicher Passantenströme, Hbf Köln, 1990....	Kunstfonds e.V., Bonn; Kulturamt Köln
13.	Fenster..................................	Agentur für Öffentliche Interventionen, Frankf./M 1990....	Planungsbüro Index; Gal. Fenster; Städelschule

Konzeption, Entwürfe und Ausführung: C. Hasucha

80-81 16 29 09 90   69-1 FORMULAR

Köln; lebt und arbeitet in Köln.

70

Dear Ladies and Gentlemen:

Within the framework of the PUBLIC INTERVENTIONS series (Event - City-implantation - Attributive Sculpture) we would like to realize the project Herr Individual geht. The essential component is a ca. 2.40 meter high base, in the top portion of which a conveyor belt is built, which is powered by a strong electric motor. A plain-clothed man, holding an 'everyday object' (e.g newspaper), will walk at a normal pace for two hours everyday during 'rush hour'.
We hereby request permission to do this installation, and to operate the base-cum-moving belt during the above mentioned times at the Platz der Republik (see marked site plan).

Sincerely yours
C.H.

71

72

70-6 INSTALLATION "JETZT" **71-6 ATELIER IM FENSTER** **72-1 HERR INDIVIDUAL GEHT**

73

73-6 HERR INDIVIDUAL GEHT

Asymptote

Hani Rashid und LiseAnne Couture gründeten 1987 das Büro Asymtote in New York; 1988 1. Preis beim Intern. Wettbewerb

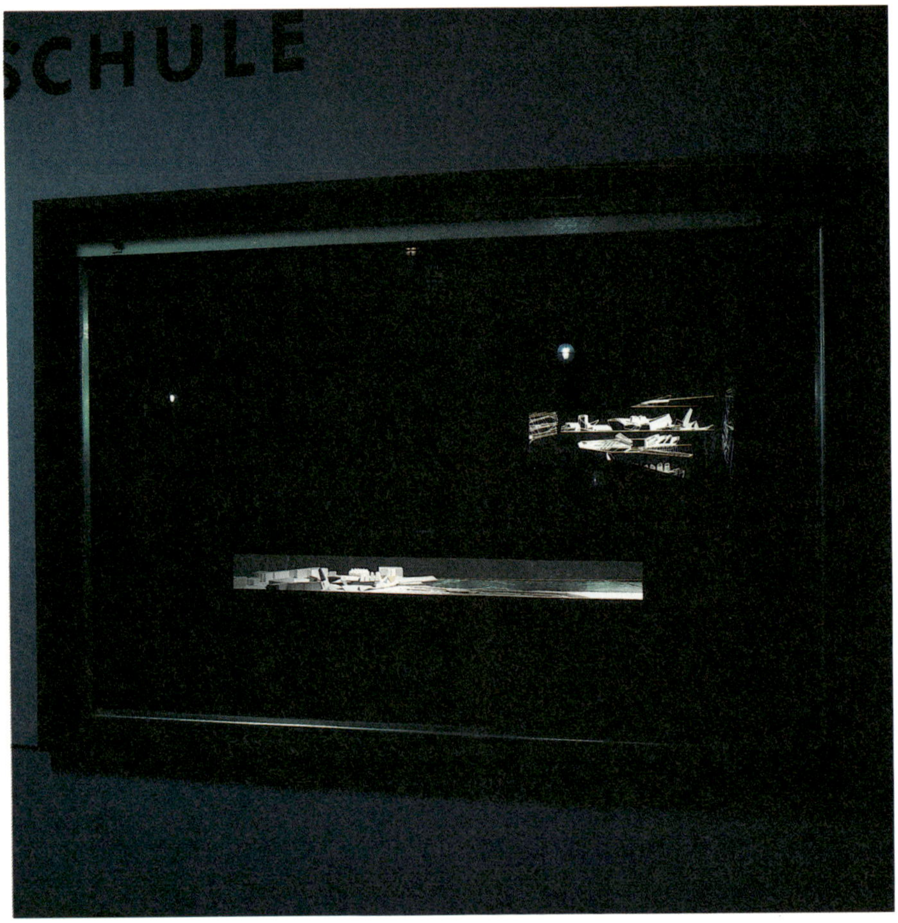

74

74-2 INSTALLATION FENSTER GALERIE

"Los Angeles Gateway", 5.Preis beim Internationalen Wettbewerb der Bibliothek in Alexandria; leben, arbeiten und lehren in New York

75

76

77

78

75-1 ANTI-GRAVITY **76-1 ANTI-GRAVITY** **77-1 ANTI-GRAVITY** **78-1 MODEL ALEXANDRIA**

THE LIBRARY OF ALEXANDRIA, EGYPT - 1989

To construct an architecture of timelessness, enigma, memory and serenity in a forgotten place. Such an architecture cannot be fashioned from nostalgia or synthetic histories. Rather this is an architecture which results from the erroneous and ambivalent.

The Ancient Library of Alexandria existed in a culture and time when the acquisition and dissemination of knowledge was paramount. The imprisonment of ships in order to transcribe imported texts into the vaults emerged out of a curiosity and wonder about places and ideas from far off lands. A desire to comprehend and amass information filled the halls to capacity, until an inferno reduced all to ash.

Today we are confronted with a very different condition. The world is divided not by oceans but rather by illusionary desires of power and affluence. The middle east has become a catastrophic end-game of eastern tradition and western fantasy. The imposition of imported ideals and false desires has had tragic implications for a culture rooted in the poetic. The fires rage on engulfing a culture which undoubtedly seeded our own. It is in this context that the architecture struggles to emerge. Not simply as a facility for learning but as a record of a rich and embellished heritage.

This is an architecture intended to endure time, remembering the eminent Library of the past while contemplating the desperate reality which befalls modern day Alexandria. This is a place of meditation and dwelling where the mirage of antiquity lingers. Thought is the lone inhabitant of these spaces and comprehension is but a transient visitor.

IN DEFENSE OF IKARUS . . .

Architecture will forever be engaged in combat with gravity. This battle can not yield victory, only countless casualities. The atmosphere´s ever decreasing circumference is offset by our desire to locate other universes. To escape the falling sky we have devised wondrous inventions, telescopes, probes, communication satellites and space stations. These instruments of progress probe the minuscule portion of space that we inhabit with the keen deliberation of the executioner. And yet the sky continues towards collapse without resistance.

A microchip of an infinitesimally minute dimension has been devised that will alter the commodity of history. Imagine if you will, a memory exchange containing all of history, every significant and insignificant morsel of information. With such a device one could barter and trade diminishing certain stocks while increasing the value of others. At each moment the exchange would be altered revealing a history of supply and demand.

Light liberates architecture from it´s earthly bondage. The trajectory of Icarus was a magnificent one. The Labyrinth, gravity laden and fortified, was after all the womb in which Daedelus devised those marvelous wings. The architect and son took flight together away from that pristine prison. Icarus in his youthful fervor chose light over form.

Technology, although forever advancing, seems to propel architecture further and further away from conquering reason. The first marks made by humankind signified dwelling as a pragmatic order of being. Here architecture and technology were born together, twins that now in their adolescence rival each other. While the first speaks of its need for freedom and liberty, the latter is preoccupied with defiance and prejudice.

A fax transmitted from some far off place carries with it a virus that will inevitably alter architecture. The transmission in question is a contract. The information on the readout contains a vast array of variables and contingencies. There is, howeve,r a clause which if accurately read reveals that the random must cosign with invisible realms and terrains of hope.

DIE BIBLIOTHEK VON ALEXANDRIA - ÄGYPTEN 1989

Eine Architektur der Zeitlosigkeit, Rätsel, Erinnerung und Heiterkeit an einem vergessenen Ort errichten. Solch eine Architektur kann nicht von Nostalgie oder synthetischer Historie gebildet sein. Vielmehr ist es eine Architektur, die aus dem irrtümlichen und wechselhaften resultiert.

Die alte Bibliothek von Alexandria existierte in einer Kultur und Zeit, als das Erwerben und Verbreiten von Wissen an erster Stelle stand. Das Entern von Schiffen, um mitgeführte Texte in die Gewölbe zu übertragen, entstand aus Neugier und Verwunderung über Orte und Ideen weit entfernter Länder. Ein Verlangen, Informationen zu verstehen und anzusammeln, füllte die Hallen bis zur Grenze der Aufnahmefähigkeit, bis ein Inferno alles zu Asche verbrannte.

Heutzutage sind wir mit stark veränderten Bedingungen konfrontiert. Die Welt ist nicht durch Ozeane getrennt, sondern eher durch illusionäre Wünsche wie Macht und Reichtum. Der Mittlere Osten ist Schauplatz eines katastrophalen Endspiels östlicher Tradition und westlicher Vorstellung. Die Bürde importierter Ideale und falscher Wünsche hatte tragische Folgen für eine in der Poesie verwurzelte Kultur. Die Feuer wüten weiter, stürzen eine Kultur in den Abgrund, welche zweifellos unsere eigene säte. Das ist der Zusammenhang, in dem diese Architektur sich um ihre Entwicklung müht. Nicht einfach als Einrichtung zum Lernen, sondern als Zeugnis eines reichen und glänzenden Erbes.

Das ist eine Architektur, welche die Zeit überdauern sollte, und an die erhabene Bibliothek der Vergangenheit erinnert, während sie gleichzeitig die nahezu hoffnungslose Realität bedenkt, die auf dem modernen Alexandria lastet. Es ist ein Ort zur Meditation und zum Verweilen, wo die Fata Morgana der Antike nachklingt. Der Gedanke ist der einsame Bewohner dieser Räume und Verstehen ist nur ein flüchtiger Besucher.

ZUR VERTEIDIGUNG DES IKARUS . . .

Architektur wird ewig im Kampf mit der Schwerkraft liegen. Diese Schlacht wird keinen Sieg einbringen, nur zahllose Verluste. Dem sich ständig verringernden Umkreis der Atmosphäre steht unser Verlangen entgegen, andere Universen zu orten. Wir haben erstaunliche Erfindungen, Teleskope, Sonden, Nachrichtensatelliten und Raumstationen erdacht, um dem einstürzenden Himmel zu entkommen. Diese Instrumente des Fortschritts sondieren den winzigen Teil des Raumes, den wir bewohnen, mit der schneidenden Sorgfalt von Henkern. Und doch steuert der Himmel ohne Halt auf den Zusammenbruch zu.

Ein Mikrochip von unendlich kleinem Ausmaß wurde ersonnen, der die Ware „Historie" verändern wird. Stellen Sie sich, wenn Sie wollen, einen Erinnerungsaustausch vor, der die gesamte Historie enthält, jedes bedeutende und unbedeutende Häppchen Information. Mit so etwas könnte einer tauschen und handeln, gewisse Bestände vermindern, während andere im Wert steigen. In jedem Augenblick würde der Austausch eine Veränderung erfahren und so eine Historie von Angebot und Nachfrage erkennbar werden lassen.

Licht befreit Architektur von ihrer Erdenschwere. Die Flugbahn des Ikarus war großartig. Das Labyrinth, Schwerkraftbeladen und verankert, war immerhin der Leib, in dem Daedalus diese herrlichen Schwingen erdachte. Architekt und Sohn flogen zusammen fort von diesem elementaren Gefängnis. In seiner jugendlichen Leidenschaft wählte Ikarus das Licht und zog es der Form vor.

Technologie, obwohl ewig voranschreitend, scheint die Architektur voranzutreiben, dabei entfernt sie sich weiter und weiter von steuernder Vernunft. Die ersten Spuren der Menschheit weisen auf Behausungen hin, die eine pragmatische Ordnung des Seins darstellen. Hier wurden Architektur und Technologie zusammen geboren, Zwillinge, die nun, in ihrem Jugendalter, ... Während der erste von seinem Bedürfnis nach Freiheit und Unabhängigkeit spricht, beschäftigt sich der andere vorwiegend mit Auflehnung und Vorurteil.

Ein Fax, von einem weit entfernten Ort übermittelt, trägt einen Virus in sich, der unvermeidlich Architektur verändern wird. Die Übermittlung, um die es sich handelt, ist ein Vertrag. Die Information auf dem Ausdruck enthält eine unendliche Reihe von Variablen und Unwägbarkeiten. Es gibt jedoch eine Klausel, welche, wenn richtig gelesen, deutlich werden läßt, daß das Zufällige zusammen mit unsichtbaren Bereichen und Gebieten der Hoffnung unterzeichnen muß.

Robby Pranadjaja

geb. in Jarkata (Indonesien); Studium an der Hochschule der Nationalen Künste Jarkata, Hochschule für Bildende Künste Hamburg,

Wahrnehmungsfeld

Wahrnehmungssegment

Wahrnehmungsraum

"das Bewußtsein ist überdies einer gewissen Beschränkung unterworfen. Es kann in einem gegebenen Augenblick immer nur einige wenige Inhalte gleichzeitig festhalten. Alles übrige ist in jedem Moment unbewußt; die Vorstellung des kontinuierlichen Zusammenhanges wird uns daher nur aufgrund des Ab-oder Aufeinanderfolgens solcher bewußter Momentaufnahmen vermittelt. Es ist uns nicht möglich, die Ganzheit ins Bild zu bekommen dafür ist unser Bewußtsein zu begrenzt; wir sehen jeweils nur das, was der Scheinwerfer gerade beleuchtet."

79

(aus C.G. JUNG - DIE TAVISTOCK lecture 1935)

bei Gotthard Graubner; lebt und arbeitet in Berlin; Technik: Oliver Zarnack, Berlin.

80-2 ZONEN RAUM KLANG INSTALLATION FENSTER

AREA OF PERCEPTION, SEGMENT OF PERCEPTION, SPACE OF PERCEPTION,

"over and above, consciousness is subject to a certain limitation. At one and the same given moment, it can only grasp a few communications. At that moment everything else is unconscious; the notion of a continuous correlation is transmitted to us only by a sequence or succession of such conscious takes of the moment. It is not possible for us to receive the image in its totality: our consciousness is too limited for this task; we are able to see only that which is lit up by the spot-light."

(from C.G. JUNG - DIE TAVISTOCK lecture 1935)

90-91 18 08 12 90

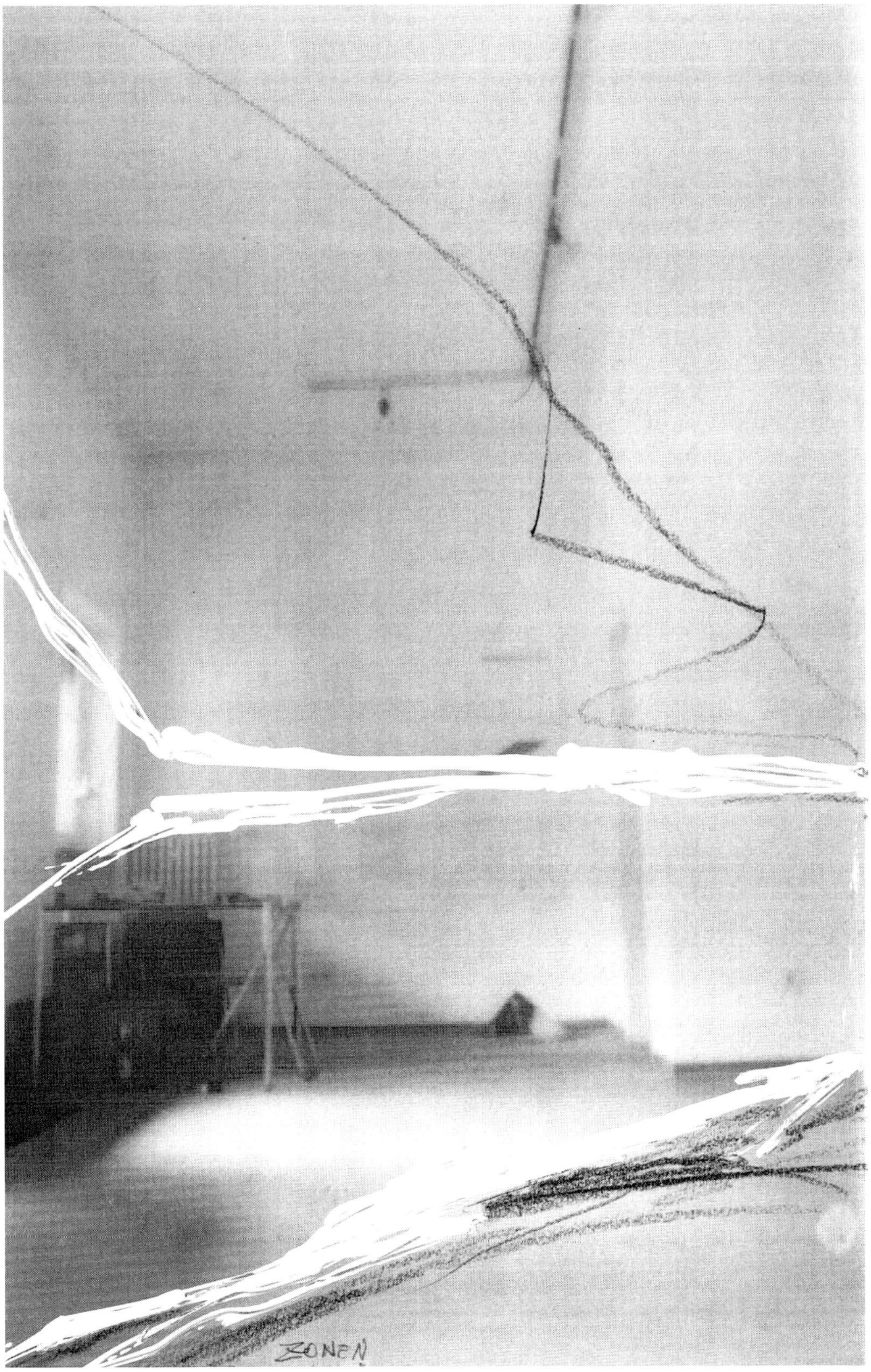

81-1 ZONEN

Raoul Bunschoten

geboren in Deventer, Niederlande; Studium an der Eidgenössischen Technischen Hochschule in Zürich und Cranbrook Academy

UNE HISTOIRE EPHEMERE

SLOW time. The time of geological movements. Movements of the crust which we call ground. Ground which goes, according to our senses, as deep as our imagination. Ground to build. Ground to deposit objects. Objects, formally complete, such as we rarely imagine ground to be.

THE contemporary metropolis is hugging this ground, drawn to it but also alienated from it. Wrapping the ground, it appears to become a wrapper of the earth, a skin, as ground is itself a skin. As second skin, the metropolis of the communicative society mimicks in some ways the first with its slowly shifting features, movements, increasing speeds and quantities of information tend to collapse what we thought of as space, redefining its scale, reducing specific differences, and eliminating the beyond. The metropolis is ubiquitous and unescapable, its section a materialized horizon .

AN extraordinary paradox evolves: to live within the substance of this wrapper, this metropolitan global skin, is to live permanently within or ´on´ one´s horizons with their incessant shiftings, and yet to remain tied with one´s senses to the conditions of ground and space, earth, sky and their interface, the surface, place of intercourse and interaction. Surface of the ground, which we scratch, mark otherwise articulate to place and orient ourselves.

of Art in Bloomfield Hills, Michigan; lehrt an der Architectural Association in London

82-2 SKIN OF THE EARTH

EINE FLÜCHTIGE GESCHICHTE

83

Gemächliche Zeit. Die Zeit geologischer Bewegungen. Bewegungen der Kruste, die wir Boden nennen. Boden, der unserem Sinneseindruck zufolge, so tief wie unsere Vorstellung reicht. Boden, der uns oft glauben macht, daß er fest, schwer, statisch sei. Boden, um zu bauen. Boden, um Objekte zu plazieren. Objekte, formal vollständig, was wir uns selten so von dem Boden vorstellen können.

Die zeitgenössische Metropole presst sich an den Boden, von ihm angezogen, aber auch von ihm entfremdet. So, wie sie den Boden umschließt, sieht es aus, als ob sie die Erde umhüllt wie eine Haut, so wie der Boden selbst eine Haut ist. Als zweite Haut äfft die Metropole der Kommunikations-Gesellschaft die erste in gewisser Weise nach: mit ihren langsam sich verschiebenden Merkmalen ihren plötzlichen Brüchen, ihrer kurzlebigen Beschaffenheit. Zunehmende Geschwindigkeiten in den Bewegungen, zunehmende Geschwindigkeiten und Mengen der Informationen neigen dazu, das, was wir uns unter Raum gedacht hatten, zu verdichten, den Maßstab neu festzulegen, spezifische Unterschiede zu verringern und das Jenseitige auszulöschen. Die Metropole ist überall gegenwärtig und unausweichlich, ihr Querschnitt ein materialisierter Horizont.

Ein außergewöhnliches Paradox entsteht: innerhalb der Substanz dieser Hülle zu leben, dieser großstädtischen, globalen Haut, heißt, ständig in oder "auf" unseren Horizonten zu leben mit ihren unaufhörlichen Verschiebungen, und dennoch mit unseren Sinnen an die Beschaffenheit des Bodens und des Raumes, der Erde, des Himmels und ihres Versatzstückes der Oberfläche, der Stätte der Begegnung und des Miteinanders gebunden zu bleiben. Die Oberfläche des Bodens, den wir ankratzen, kennzeichnen oder anderweitig strukturieren, um uns einzuordnen und zu orientieren .

84-4 DETAIL DES BETONMODELS